PSAUTIER

Les Psaumes,
Traduction de l'Abbé Crampon

Auteur (trad.) : Abbé Augustin Crampon, chanoine d'Amiens

D'après l'édition originale de 1904.

Illustration (couverture) : Dolores Giméno-Marin

© 2018 – Éditions Chrétiennes Francophones, Belgique
ISBN : 978-2875850034
Dépôt légal : D/2018/13128/0003

Psaume 1

1 Heureux l'homme qui ne marche pas dans le conseil des impies, qui ne se tient pas dans la voie des pécheurs, et qui ne s'assied pas dans la compagnie des moqueurs,
2 mais qui a son plaisir dans la loi de Yahweh, et qui la médite jour et nuit !
3 Il est comme un arbre planté près d'un cours d'eau, qui donne son fruit en son temps, et dont le feuillage ne se flétrit pas : tout ce qu'il fait réussit.
4 Il n'en est pas ainsi des impies : ils sont comme la paille que chasse le vent.
5 Aussi les impies ne resteront-ils pas debout au jour du jugement, ni les pécheurs dans l'assemblée des justes.
6 Car Yahweh connaît la voie du juste, mais la voie des pécheurs mène à la ruine.

Psaume 2

1 Pourquoi les nations s'agitent-elles en tumulte et les peuples méditent-ils de vains projets ?
2 Les rois de la terre se soulèvent, et les princes tiennent conseil ensemble, contre Yahweh et contre son Oint.
3 « Brisons leurs liens, disent-ils, et jetons loin de nous leurs chaînes ! »
4 Celui qui est assis dans les cieux sourit, le Seigneur se moque d'eux.
5 Alors il leur parlera dans sa colère, et dans sa fureur il les épouvantera :
6 « Et moi, j'ai établi mon roi, sur Sion, ma montagne sainte. »
7 « Je publierai le décret : Yahweh m'a dit : Tu es mon Fils, je

t'ai engendré aujourd'hui.
8. Demande, et je te donnerai les nations pour héritage, pour domaine les extrémités de la terre.
9. Tu les briseras avec un sceptre de fer, tu les mettras en pièces comme le vase du potier. »
10. Et maintenant, rois, devenez sages ; recevez l'avertissement, juges de la terre.
11. Servez Yahweh avec crainte, tressaillez de joie avec tremblement.
12. Baisez le Fils, de peur qu'il ne s'irrite et que vous ne périssiez dans votre voie ; car bientôt s'allumerait sa colère ; heureux tous ceux qui mettent en lui leur confiance.

Psaume 3

1. *Chant de David, à l'occasion de sa fuite devant Absalon, son fils :*
2. Yahweh, que mes ennemis sont nombreux ! Quelle multitude se lève contre moi !
3. Nombreux sont ceux qui disent à mon sujet : « Plus de salut pour lui auprès de Dieu ! » — *Séla*
4. Mais toi, Yahweh, tu es mon bouclier ; tu es ma gloire, et tu relèves ma tête.
5. De ma voix je crie vers Yahweh, et il me répond de sa montagne sainte. — *Séla*.
6. Je me suis couché et me suis endormi ; je me suis réveillé, car Yahweh est mon soutien.
7. Je ne crains pas devant le peuple innombrable, qui m'assiège de toutes parts.
8. Lève-toi, Yahweh ! Sauve-moi, mon Dieu ! Car tu frappes à la joue tous mes ennemis, tu brises les dents des méchants.
9. A Yahweh le salut ! Que ta bénédiction soit sur ton peuple ! — *Séla*.

Psaume 4

1 Au maître de chant, sur les instruments à cordes. Psaume de David.

2 Quand je t'invoque, réponds-moi, Dieu de ma justice, toi qui dans ma détresse, me mets au large.
Aie pitié de moi et entends ma prière !

3 Fils des hommes, jusques à quand ma gloire sera-t-elle outragée ? Jusques à quand aimerez-vous la vanité, et rechercherez-vous le mensonge ? — *Séla.*

4 Sachez que Yahweh s'est choisi un homme pieux ; Yahweh entend quand je l'invoque.

5 Tremblez, et ne péchez plus ! Parlez-vous à vous-mêmes sur votre couche, et cessez ! — *Séla.*

6 Offrez des sacrifices de justice, et confiez-vous en Yahweh.

7 Beaucoup disent : « Qui nous fera voir le bonheur ? » Fais lever sur nous la lumière de ta face, Yahweh !

8 Tu as mis dans mon cœur plus de joie qu'ils n'en ont au temps où abondent leur froment et leur vin nouveau.

9 En paix je me coucherai et je m'endormirai aussitôt ; car toi, Yahweh, toi seul, tu me fais habiter dans la sécurité.

Psaume 5

1 Au maître de chant. Sur les flûtes. Psaume de David.

2 Prête l'oreille à mes paroles, Yahweh, entends mes soupirs ;

3 sois attentif à mes cris, ô mon Roi et mon Dieu ; car c'est à toi que j'adresse ma prière.

4 Yahweh, dès le matin, tu entends ma voix ; dès le matin, je t'offre mes vœux et j'attends.

5 Car tu n'es pas un Dieu qui prenne plaisir au mal ; avec toi le méchant ne saurait habiter.

6 Les insensés ne subsistent pas devant tes yeux ; tu hais tous les artisans d'iniquité.

7 Tu fais périr les menteurs ; Yahweh abhorre l'homme de

sang et de fraude.

8 Pour moi, par ta grande miséricorde, j'irai dans ta maison ; je me prosternerai, dans ta crainte, devant ton saint temple.

9 Seigneur, conduis-moi, dans ta justice, à cause de mes ennemis aplanis ta voie sous mes pas.

10 Car il n'y a point de sincérité dans leur bouche ; leur cœur n'est que malice ; leur gosier est un sépulcre ouvert, leur langue se fait caressante.

11 Châtie-les, ô Dieu. Qu'ils échouent dans leurs desseins !
À cause de leurs crimes sans nombre, précipite-les ; car ils sont en révolte contre toi.

12 Alors se réjouiront tous ceux qui se confient en toi ; ils seront dans une perpétuelle allégresse, et tu les protégeras ; ils se livreront à de joyeux transports, ceux qui aiment ton nom.

13 Car tu bénis le juste, Yahweh ; tu l'entoures de bienveillance comme d'un bouclier.

Psaume 6

1 *Au maître de chant. Sur les instruments à cordes. À l'octave. Psaume de David.*

2 Yahweh, ne me punis pas dans ta colère, et ne me châtie pas dans ta fureur.

3 Aie pitié de moi, Yahweh, car je suis sans force ; guéris-moi, Yahweh, car mes os sont tremblants.

4 Mon âme est dans un trouble extrême ; et toi, Yahweh, jusques à quand... ?

5 Reviens, Yahweh, délivre mon âme ; sauve-moi à cause de ta miséricorde.

6 Car celui qui meurt n'a plus souvenir de toi ; qui te louera dans le schéol ?

7 Je suis épuisé à force de gémir ; chaque nuit ma couche est baignée de mes larmes, mon lit est arrosé de mes pleurs.

8 Mon œil est consumé par le chagrin ; il a vieilli à cause de tous ceux qui me persécutent.

9 Eloignez-vous de moi, vous tous qui faites le mal ! Car Yahweh a entendu la voix de mes larmes.

10 Yahweh a entendu ma supplication, Yahweh accueille ma prière.

11 Tous mes ennemis seront confondus et saisis d'épouvante ; ils reculeront, soudain couverts de honte.

Psaume 7

1 *Dithyrambe de David, qu'il chanta à Yahweh à l'occasion des paroles de Chus, le Benjamite.*

2 Yahweh, mon Dieu, en toi je me confie ; sauve-moi de tous mes persécuteurs et délivre-moi,

3 de peur qu'il ne me déchire, comme un lion, qu'il ne dévore sa proie, sans que nul ne la lui arrache.

4 Yahweh, mon Dieu, si j'ai fait cela, s'il y a de l'iniquité dans mes mains ;

5 si j'ai rendu le mal à qui est en paix avec moi, si j'ai dépouillé celui qui m'opprime sans raison,

6 que l'ennemi me poursuive et m'atteigne, qu'il foule à terre ma vie, qu'il couche ma gloire dans la poussière.

7 Lève-toi, Yahweh, dans ta colère, porte-toi contre les fureurs de mes adversaires ; réveille-toi pour me secourir, toi qui ordonnes un jugement.

8 Que l'assemblée des peuples t'environne ! Puis, t'élevant au-dessus d'elle, remonte dans les hauteurs.

9 Yahweh, juge les peuples : rends-moi justice, Yahweh, selon mon droit et mon innocence.

10 Mets un terme à la malice des méchants, et affermis le juste, toi qui sondes les cœurs et les reins, ô Dieu juste !

11 Mon bouclier est en Dieu, qui sauve les hommes au cœur droit.

12 Dieu est un juste juge ; tous les jours, le Tout-Puissant fait entendre ses menaces.
13 Certes, de nouveau il aiguise son glaive, il bande son arc et il vise ;
14 il dirige sur lui des traits meurtriers, il rend ses flèches brûlantes.
15 Voici le méchant en travail de l'iniquité : il a conçu le malheur, et il enfante le mensonge.
16 Il ouvre une fosse, il la creuse, et il tombe dans l'abîme qu'il préparait.
17 Son iniquité retombe sur sa tête, et sa violence redescend sur son front.
18 Je louerai Yahweh pour sa justice, je chanterai le nom de Yahweh, le Très-Haut.

Psaume 8

1 *Au maître de chant. Sur la Gitthienne. Chant de David.*
2 Yahweh, notre Seigneur, que ton nom est glorieux sur toute la terre ! Toi qui as revêtu les cieux de ta majesté !
3 Par la bouche des enfants et de ceux qui sont à la mamelle tu t'es fondé une force pour confondre tes ennemis, pour imposer silence à l'adversaire et au blasphémateur.
4 Quand je contemple tes cieux, ouvrage de tes doigts, la lune et les étoiles que tu as créées, je m'écrie :
5 Qu'est-ce que l'homme, pour que tu te souviennes de lui, et le fils de l'homme, pour que tu en prennes soin ?
6 Tu l'as fait de peu inférieur à Dieu, tu l'as couronné de gloire et d'honneur.
7 Tu lui as donné l'empire sur les œuvres de tes mains ; tu as mis toutes choses sous ses pieds :
8 Brebis et bœufs, tous ensemble, et les animaux des champs ;

9   oiseaux du ciel et poissons de la mer, et tout ce qui parcourt les sentiers des mers.
10 Yahweh, notre Seigneur, que ton nom est glorieux sur toute la terre !

Psaume 9

1   *Au maître de chant. Sur l'air "Mort au fils". Psaume de David.*
2   Je louerai Yahweh de tout mon cœur, je raconterai toutes tes merveilles.
3   Je me réjouirai et je tressaillerai en toi, je chanterai ton nom, ô Très-Haut.
4   Mes ennemis reculent, ils trébuchent et tombent devant ta face.
5   Car tu as fait triompher mon droit et ma cause, tu t'es assis sur ton trône en juste juge.
6   Tu as châtié les nations, tu as fait périr l'impie, tu as effacé leur nom pour toujours et à jamais.
7   L'ennemi est anéanti ! Des ruines pour toujours ! Des villes que tu as renversées ! Leur souvenir a disparu !
8   Mais Yahweh siège à jamais, il a dressé son trône pour le jugement.
9   Il juge le monde avec justice, il juge les peuples avec droiture.
10 Et Yahweh est un refuge pour l'opprimé, un refuge au temps de la détresse.
11 En toi se confient tous ceux qui connaissent ton nom ; car tu ne délaisses pas ceux qui te cherchent, Yahweh.
12 Chantez à Yahweh, qui réside en Sion, publiez parmi les peuples ses hauts faits.
13 Car celui qui redemande le sang versé s'en est souvenu, il n'a point oublié le cri des affligés.
14 « Aie pitié de moi, Yahweh, disaient-ils ; vois l'affliction où m'ont réduit mes ennemis, toi qui me retires des portes de

la mort,
15 afin que je puisse raconter toutes les louanges, aux portes de la fille de Sion, tressaillir de joie à cause de ton salut. »
16 Les nations sont tombées dans la fosse qu'elles ont creusée, dans le lacet qu'elles ont caché s'est pris leur pied.
17 Yahweh s'est montré, il a exercé le jugement, dans l'œuvre de ses mains il a enlacé l'impie. — *Higgaion. Séla.*
18 Les impies retournent au schéol, toutes les nations qui oublient Dieu.
19 Car le malheureux n'est pas toujours oublié, l'espérance des affligés ne périt pas à jamais.
20 Lève-toi, Yahweh ! Que l'homme ne triomphe pas ! Que les nations soient jugées devant ta face !
21 Répands sur elles l'épouvante, Yahweh ; que les peuples sachent qu'ils sont des hommes ! — *Séla.*

Psaume 10

1 Pourquoi, Yahweh, te tiens-tu éloigné ? Et te caches-tu au temps de la détresse ?
2 Quand le méchant s'enorgueillit, les malheureux sont consumés ; ils sont pris dans les intrigues qu'il a conçues.
3 Car le méchant se glorifie de sa convoitise ; le ravisseur maudit, méprise Yahweh.
4 Dans son arrogance, le méchant dit : « Il ne punit pas ! » « Il n'y a pas de Dieu » : voilà toutes ses pensées.
5 Ses voies sont prospères en tout temps !
Tes jugements sont trop élevés pour qu'il s'en inquiète ; tous ses adversaires, il les dissipe d'un souffle.
6 Il dit dans son cœur : « Je ne serai pas ébranlé, je suis pour toujours à l'abri du malheur. »
7 Sa bouche est pleine de malédiction, de tromperie et de violence ; sous sa langue est la malice et l'iniquité.
8 Il se met en embuscade près des hameaux, dans les lieux

couverts il assassine l'innocent.
Ses yeux épient l'homme sans défense,
9 il est aux aguets dans le lieu couvert, comme un lion dans son fourré ; il est aux aguets pour surprendre le pauvre, il se saisit du pauvre en le tirant dans son filet.
10 Il se courbe, il se baisse, et les malheureux tombent dans ses griffes.
11 Il dit dans son cœur : « Dieu a oublié ! Il a couvert sa face, il ne voit jamais rien. »
12 Lève-toi, Yahweh ; ô Dieu, lève ta main ! N'oublie pas les affligés.
13 Pourquoi le méchant méprise-t-il Dieu ? Pourquoi dit-il en son cœur : « Tu ne punis pas ? »
14 Tu as vu pourtant ; car tu regardes la peine et la souffrance, pour prendre en main leur cause. À toi s'abandonne le malheureux, à l'orphelin tu viens en aide.
15 Brise le bras du méchant ; l'impie, — si tu cherches son crime, ne le trouveras-tu pas ?
16 Yahweh est roi à jamais et pour l'éternité, les nations seront exterminées de sa terre.
17 Tu as entendu le désir des affligés, Yahweh ; tu affermis leur cœur, tu prêtes une oreille attentive,
18 pour rendre justice à l'orphelin et à l'opprimé, afin que l'homme, tiré de la terre, cesse d'inspirer l'effroi.

Psaume 11

1 *Au maître de chant. De David.*
En Yahweh je me confie ; comment dites-vous à mon âme : « Fuyez à votre montagne, comme l'oiseau.
2 Car voici que les méchants bandent l'arc, ils ont ajusté leur flèche sur la corde, pour tirer dans l'ombre sur les hommes au cœur droit.
3 Quand les fondements sont renversés, que peut faire le

juste ? »
4 Yahweh dans son saint temple, Yahweh, qui a son trône dans les cieux, a les yeux ouverts ; ses paupières sondent les enfants des hommes.
5 Yahweh sonde le juste ; il hait le méchant et celui qui se plaît à la violence.
6 Il fera pleuvoir sur les méchants des lacets, du feu et du soufre ; un vent brûlant, voilà la coupe qu'ils auront en partage.
7 Car Yahweh est juste, il aime la justice ; les hommes droits contempleront sa face.

Psaume 12

1 *Au maître de chant. Sur l'octave. Chant de David.*
2 Sauve, Yahweh ! car les hommes pieux s'en vont, les fidèles disparaissent d'entre les enfants des hommes.
3 On se dit des mensonges les uns aux autres ; on parle avec des lèvres flatteuses et un cœur double.
4 Que Yahweh retranche toutes les lèvres flatteuses, la langue qui discourt avec jactance,
5 ceux qui disent : « Par notre langue nous sommes forts ; nous avons avec nous nos lèvres : qui serait notre maître ? »
6 « A cause de l'oppression des affligés, du gémissement des pauvres, je veux maintenant me lever, dit Yahweh ; je leur apporterai le salut après lequel ils soupirent. »
7 Les paroles de Yahweh sont des paroles pures, un argent fondu dans un creuset sur la terre, sept fois purifié.
8 Toi, Yahweh, tu les garderas ; tu les préserveras à jamais de cette génération.
9 Autour d'eux les méchants se promènent avec arrogance : autant ils s'élèvent, autant seront humiliés les enfants des hommes.

Psaume 13

1 Au maître de chant. Chant de David.
2 Jusques à quand, Yahweh, m'oublieras-tu toujours ?
Jusques à quand me cacheras-tu ta face ?
3 Jusques à quand formerai-je en mon âme des projets, et chaque jour le chagrin remplira-t-il mon cœur ?
Jusques à quand mon ennemi s'élèvera-t-il contre moi ?
4 Regarde, réponds-moi, Yahweh, mon Dieu ! Donne la lumière à mes yeux, afin que je ne m'endorme pas dans la mort,
5 afin que mon ennemi ne dise pas : « Je l'ai vaincu ! » et que mes adversaires ne se réjouissent pas en me voyant chanceler.
6 Moi, j'ai confiance en ta bonté ; mon cœur tressaillira à cause de ton salut, je chanterai Yahweh pour le bien qu'il m'a fait.

Psaume 14

1 Au maître de chant. De David.
L'insensé dit dans son cœur : « Il n'y a point de Dieu !... »
Ils sont corrompus, ils commettent des actions abominables ; il n'en est aucun qui fasse le bien.
2 Yahweh, du haut des cieux regarde les fils de l'homme, pour voir s'il est quelqu'un de sage, quelqu'un qui cherche Dieu.
3 Tous sont égarés, tous ensemble sont pervertis ; il n'en est pas un qui fasse le bien, pas un seul !
4 N'ont-ils pas de connaissance, tous ceux qui commettent l'iniquité ? Ils dévorent mon peuple, comme ils mangent du pain ; ils n'invoquent point Yahweh.
5 Ils trembleront tout à coup d'épouvante, car Dieu est au

milieu de la race juste.
6 Vous voulez confondre les projets du malheureux !
Mais Yahweh est son refuge.
7 Oh ! puisse venir de Sion la délivrance d'Israël !
Quand Yahweh ramènera les captifs de son peuple, Jacob sera dans la joie, Israël dans l'allégresse.

Psaume 15

1 *Psaume de David.*
Yahweh, qui habitera dans ta tente ?
Qui demeurera sur ta montagne sainte ?
2 Celui qui marche dans l'innocence, qui pratique la justice, et qui dit la vérité dans son cœur.
3 Il ne calomnie point avec sa langue, il ne fait point de mal à son frère, et ne jette point l'opprobre sur son prochain.
4 A ses yeux le réprouvé est digne de honte, mais il honore ceux qui craignent Yahweh. S'il a fait un serment à son préjudice, il n'y change rien,
5 Il ne prête point son argent à usure, et il n'accepte pas de présent contre l'innocent :
Celui qui se conduit ainsi ne chancellera jamais.

Psaume 16

1 *Hymne de David.*
Garde-moi ô Dieu, car près de toi je me réfugie.
2 Je dis à Yahweh : « Tu es mon Seigneur, toi seul es mon bien. »
3 Les saints qui sont dans le pays, ces illustres, sont l'objet de toute mon affection.
4 On multiplie les idoles, on court après les dieux étrangers ; je ne répandrai point leurs libations de sang, je ne mettrai

pas leurs noms sur mes lèvres.
5 Yahweh est la part de mon héritage et de ma coupe, c'est toi qui m'assures mon lot.
6 Le cordeau a mesuré pour moi une portion délicieuse ; oui, un splendide héritage m'est échu.
7 Je bénis Yahweh qui m'a conseillé ; la nuit même, mes reins m'avertissent.
8 Je mets Yahweh constamment sous mes yeux, car il est à ma droite : je ne chancellerai point.
9 Aussi mon cœur est dans la joie, mon âme dans l'allégresse, mon corps lui-même repose en sécurité.
10 Car tu ne livreras pas mon âme au schéol, tu ne permettras pas que celui qui t'aime voie la corruption.
11 Tu me feras connaître le sentier de la vie ; il y a plénitude de joie devant ta face, des délices éternelles dans ta droite.

Psaume 17

1 *Prière de David.*
Yahweh, entends la justice, écoute mon cri ; prête l'oreille à ma prière, qui n'est pas proférée par des lèvres trompeuses.
2 Que mon jugement sorte de ta face, que tes yeux regardent l'équité !
3 Tu as éprouvé mon cœur, tu l'as visité la nuit, tu m'as mis dans le creuset : tu ne trouves rien. Avec ma pensée, ma bouche n'est pas en désaccord.
4 Quant aux actions de l'homme, fidèle à la parole de tes lèvres, j'ai pris garde aux voies des violents.
5 Mes pas se sont attachés à tes sentiers, et mes pieds n'ont pas chancelé.
6 Je t'invoque, car tu m'exauces, ô Dieu ; incline vers moi ton oreille, écoute ma prière.
7 Signale ta bonté, toi qui sauves ceux qui se réfugient dans ta droite contre leurs adversaires.

8 Garde-moi comme la prunelle de l'œil ;
à l'ombre de tes ailes mets-moi à couvert ;
9 des impies qui me persécutent, des ennemis mortels qui m'entourent.
10 Ils ferment leurs entrailles à la pitié, ils ont à la bouche des paroles hautaines.
11 Ils sont sur nos pas, ils nous entourent, ils nous épient pour nous renverser par terre.
12 Ils ressemblent au lion avide de dévorer, au lionceau campé dans son fourré.
13 Lève-toi, Yahweh, marche à sa rencontre, terrasse-le, délivre mon âme du méchant par ton glaive,
14 des hommes par ta main, de ces hommes du siècle dont la part est dans la vie présente, dont tu remplis le ventre de tes trésors, qui sont rassasiés de fils, et laissent leur superflu à leurs petits-fils.
15 Pour moi, dans mon innocence je contemplerai ta face ; à mon réveil, je me rassasierai de ton image.

Psaume 18

1 *Au maître de chant. Psaume du serviteur de Yahweh, de David, qui adressa à Yahweh les paroles de ce cantique, au jour où Yahweh l'eut délivré de la main de tous ses ennemis et de la main de Saül.*
2 Il dit :
Je t'aime, Yahweh, ma force !
3 Yahweh mon rocher, ma forteresse, mon libérateur, mon Dieu, mon roc où je trouve un asile, mon bouclier, la corne de mon salut, ma citadelle !
4 J'invoquai celui qui est digne de louange, Yahweh, et je fus délivré de mes ennemis.
5 Les liens de la mort m'environnaient, les torrents de Bélial m'épouvantaient,
6 les liens du schéol m'enlaçaient, les filets de la mort étaient tombés devant moi.

7 Dans ma détresse, j'invoquai Yahweh, et je criai vers mon Dieu ; de son temple il entendit ma voix, et mon cri devant lui parvint à ses oreilles.
8 La terre fut ébranlée et trembla, les fondements des montagnes s'agitèrent, et ils furent ébranlés, parce qu'il était courroucé ;
9 une fumée montait de ses narines, et un feu dévorant sortait de sa bouche ; il en jaillissait des charbons embrasés.
10 Il abaissa les cieux, et descendit ; une sombre nuée était sous ses pieds.
11 Il monta sur un Chérubin, et il volait ; il planait sur les ailes du vent.
12 Il fit des ténèbres sa retraite, sa tente autour de lui c'étaient des eaux obscures et de sombres nuages.
13 De l'éclat qui le précédait s'élancèrent ses nuées, portant la grêle et les charbons ardents.
14 Yahweh tonna dans les cieux, le Très-Haut fit retentir sa voix : grêle et charbons ardents !
15 Il lança ses flèches et les dispersa ; il multiplia ses foudres et il les confondit.
16 Alors le lit des eaux apparut, les fondements de la terre furent mis à nu, à ta menace, Yahweh, au souffle du vent de tes narines.
17 Il étendit sa main d'en haut et me saisit, il me retira des grandes eaux.
18 Il me délivra de mon ennemi puissant, de ceux qui me haïssaient, alors qu'ils étaient plus forts que moi.
19 Ils m'avaient surpris au jour de mon malheur ; mais Yahweh fut mon appui.
20 Il m'a mis au large, il m'a sauvé, parce qu'il s'est complu en moi.
21 Yahweh m'a récompensé selon ma justice, il m'a rendu selon la pureté de mes mains.
22 Car j'ai gardé les voies de Yahweh, et je n'ai pas péché pour m'éloigner de mon Dieu.
23 Tous ses jugements étaient devant moi, et je n'ai point reje-

té loin de moi ses lois.
24. J'étais sans reproche envers lui, et je me tenais en garde contre mon iniquité.
25. Yahweh m'a rendu selon ma justice, selon la pureté de mes mains devant ses yeux.
26. Avec celui qui est bon tu te montres bon, avec l'homme droit tu te montres droit ;
27. avec celui qui est pur tu te montres pur, et avec le fourbe tu agis perfidement.
28. Car tu sauves le peuple humilié, et tu abaisses les regards hautains.
29. Oui, tu fais briller mon flambeau ; Yahweh, mon Dieu, éclaire mes ténèbres.
30. Avec toi je me précipite sur les bataillons armés ; avec mon Dieu je franchis les murailles.
31. Dieu !... Ses voies sont parfaites ; la parole de Yahweh est éprouvée, il est un bouclier pour tous ceux qui se confient en lui.
32. Car qui est Dieu, si ce n'est Yahweh, et qui est un rocher, si ce n'est notre Dieu ?
33. Le Dieu qui me ceint de force, qui rend ma voie parfaite ;
34. qui rend mes pieds semblables à ceux des biches, et me fait tenir debout sur mes hauteurs ;
35. qui forme mes mains au combat, et mes bras tendent l'arc d'airain.
36. Tu m'as donné le bouclier de ton salut, et ta droite me soutient, et ta douceur me fait grandir.
37. Tu élargis mon pas au-dessous de moi, et mes pieds ne chancellent point.
38. Je poursuis mes ennemis et je les atteins ; je ne reviens pas sans les avoir anéanti.
39. Je les brise, et ils ne se relèvent pas ; Ils tombent sous mes pieds.
40. Tu me ceins de force pour le combat, tu fais plier sous moi mes adversaires.
41. Mes ennemis !... tu leur fais tourner le dos devant moi, et

j'extermine ceux qui me haïssent.
42. Ils crient, et personne pour les sauver ! Ils crient vers Yahweh, et il ne leur répond pas !
43. Je les broie comme la poussière livrée au vent, je les balaie comme la boue des rues.
44. Tu me délivres des révoltes du peuple, tu me mets à la tête des nations ; des peuples que je ne connaissais pas me sont asservis.
45. Dès qu'ils ont entendu, ils m'obéissent ; les fils de l'étranger me flattent.
46. Les fils de l'étranger sont défaillants, ils sortent tremblants de leurs forteresses.
47. Vive Yahweh et béni soit mon rocher ! Que le Dieu de mon salut soit exalté ;
48. Dieu qui m'accorde des vengeances, qui me soumet les peuples,
49. qui me délivre de mes ennemis ! Oui, tu m'élèves au-dessus de mes adversaires, tu me sauves de l'homme de violence.
50. C'est pourquoi je te louerai parmi les nations, ô Yahweh ; je chanterai à la gloire de ton nom.
51. Il accorde de glorieuses délivrances à son roi, il fait miséricorde à son oint, à David et à sa postérité pour toujours.

Psaume 19

1. *Au maître de chant. Chant de David.*
2. Les cieux racontent la gloire de Dieu, et le firmament annonce l'œuvre de ses mains.
3. Le jour crie au jour la louange, la nuit l'apprend à la nuit.
4. Ce n'est pas un langage, ce ne sont pas des paroles ; dont la voix ne soit pas entendue.
5. Leur son parcourt toute la terre, leurs accents vont jusqu'aux extrémités du monde.
C'est là qu'il a dressé une tente pour le soleil.

6 Et lui, semblable à l'époux qui sort de la chambre nuptiale, s'élance joyeux, comme un héros, pour fournir sa carrière.

7 Il part d'une extrémité du ciel, et sa course s'achève à l'autre extrémité : rien ne se dérobe à sa chaleur.

8 La loi de Yahweh est parfaite : elle restaure l'âme. Le témoignage de Yahweh est sûr : il donne la sagesse aux simples.

9 Les ordonnances de Yahweh sont droites : elles réjouissent les cœurs. Le précepte de Yahweh est pur : il éclaire les yeux.

10 La crainte de Yahweh est sainte : elle subsiste à jamais. Les décrets de Yahweh sont vrais : ils sont tous justes.

11 Ils sont plus précieux que l'or, que beaucoup d'or fin ; plus doux que le miel, que celui qui coule des rayons.

12 Ton serviteur aussi est éclairé par eux ; grande récompense à qui les observe.

13 Qui connaît ses égarements ? Pardonne-moi ceux que j'ignore !

14 Préserve aussi ton serviteur des orgueilleux ; qu'ils ne dominent point sur moi ! Alors je serai parfait et je serai pur de grands péchés.

15 Accueille avec faveur les paroles de ma bouche, et les sentiments de mon cœur, devant toi, Yahweh, mon rocher et mon libérateur !

Psaume 20

1 *Au maître de chant. Psaume de David.*

2 Que Yahweh t'exauce au jour de la détresse, que le nom du Dieu de Jacob te protège !

3 Que du sanctuaire il t'envoie du secours, que de Sion il te soutienne !

4 Qu'il se souvienne de toutes tes oblations, et qu'il ait pour agréable tes holocaustes ! — *Séla.*

5 Qu'il te donne ce que ton cœur désire, et qu'il accomplisse tous tes desseins !
6 Puissions-nous de nos cris joyeux saluer ta victoire, lever l'étendard au nom de notre Dieu ! Que Yahweh accomplisse tous tes vœux !
7 Déjà je sais que Yahweh a sauvé son Oint ; il l'exaucera des cieux, sa sainte demeure, par le secours puissant de sa droite.
8 Ceux-ci comptent sur leurs chars, ceux-là sur leurs chevaux ; nous, nous invoquons le nom de Yahweh, notre Dieu.
9 Eux, ils plient et ils tombent ; nous, nous nous relevons et tenons ferme.
10 Yahweh, sauve le roi ! — Qu'il nous exauce au jour où nous l'invoquons.

Psaume 21

1 *Au maître de chant. Psaume de David.*
2 Yahweh, le roi se réjouit de ta force ; comme ton secours le remplit d'allégresse !
3 Tu lui as donné ce que son cœur désirait, tu n'as pas refusé ce que demandaient ses lèvres. — *Séla.*
4 Car tu l'as prévenu de bénédictions exquises, tu as mis sur sa tête une couronne d'or pur.
5 Il te demandait la vie, tu la lui as donnée, de longs jours à jamais et à perpétuité.
6 Sa gloire est grande, grâce à ton secours ; tu mets sur lui splendeur et magnificence.
7 Tu le rends à jamais un objet de bénédictions ; tu le combles de joie devant ta face.
8 Car le roi se confie en Yahweh, et par la bonté du Très-Haut il ne chancelle point.
9 Ta main, ô roi, atteindra tous tes ennemis, ta droite atteindra ceux qui te haïssent.

10 Tu les rendras comme une fournaise ardente, au jour où tu montreras ta face ; Yahweh les anéantira dans sa colère, et le feu les dévorera.
11 Tu feras disparaître de la terre leur postérité, et leur race d'entre les enfants des hommes.
12 Ils ont préparé pour toi la ruine, ils ont conçu des desseins pervers, mais ils seront impuissants.
13 Car tu leur feras tourner le dos ; de tes traits tu les viseras au front.
14 Lève-toi, Yahweh, dans ta force ! Nous voulons chanter et célébrer ta puissance.

Psaume 22

1 *Au maître de chant. Sur "Biche de l'aurore". Psaume de David.*
2 Mon Dieu, mon Dieu, pourquoi m'as-tu abandonné ? Je gémis, et le salut reste loin de moi !
3 Mon Dieu, je crie pendant le jour, et tu ne réponds pas ; la nuit, et je n'ai point de repos.
4 Pourtant tu es saint, tu habites parmi les hymnes d'Israël.
5 En toi se sont confiés nos pères ; ils se sont confiés, et tu les as délivrés.
6 Ils ont crié vers toi, et ils ont été sauvés ; ils se sont confiés en toi, et ils n'ont pas été confus.
7 Et moi, je suis un ver, et non un homme, l'opprobre des hommes et le rebut du peuple.
8 Tous ceux qui me voient se moquent de moi ; ils ouvrent les lèvres, ils branlent la tête :
9 « Qu'il s'abandonne à Yahweh ! Que Yahweh le sauve, qu'il le délivre, puisqu'il l'aime ! »
10 Oui, c'est toi qui m'as tiré du sein maternel, qui m'as donné confiance sur les mamelles de ma mère.
11 Dès ma naissance, je t'ai été abandonné ; depuis le sein de ma mère, c'est toi qui es mon Dieu.

12 Ne t'éloigne pas de moi, car l'angoisse est proche, car personne ne vient à mon secours.
13 Autour de moi sont de nombreux taureaux, les forts de Basan m'environnent.
14 Ils ouvrent contre moi leur gueule, comme un lion qui déchire et rugit.
15 Je suis comme de l'eau qui s'écoule, et tous mes os sont disjoints ; mon cœur est comme de la cire, il se fond dans mes entrailles.
16 Ma force s'est desséchée comme un tesson d'argile, et ma langue s'attache à mon palais ; tu me couches dans la poussière de la mort.
17 Car des chiens m'environnent, une troupe de scélérats rôdent autour de moi ; ils ont percé mes pieds et mes mains,
18 je pourrais compter tous mes os.
Eux, ils m'observent, ils me contemplent ;
19 ils se partagent mes vêtements, ils tirent au sort ma tunique.
20 Et toi, Yahweh, ne t'éloigne pas ! Toi qui es ma force, viens en hâte à mon secours !
21 Délivre mon âme de l'épée, ma vie du pouvoir du chien !
22 Sauve-moi de la gueule du lion, tire-moi des cornes du buffle !
23 Alors j'annoncerai ton nom à mes frères, au milieu de l'assemblée je te louerai :
24 « Vous qui craignez Yahweh, louez-le ! Vous tous, postérité de Jacob, glorifiez-le ! Révérez-le, vous tous, postérité d'Israël !
25 Car il n'a pas méprisé, il n'a pas rejeté la souffrance de l'affligé, il n'a pas caché sa face devant lui, et quand l'affligé a crié vers lui, il a entendu. »
26 Grâce à toi, mon hymne retentira dans la grande assemblée, j'acquitterai mes vœux en présence de ceux qui te craignent.
27 Les affligés mangeront et se rassasieront ; ceux qui cherchent Yahweh le loueront. Que votre cœur revive à jamais !
28 Toutes les extrémités de la terre se souviendront et se tourneront vers Yahweh, et toutes les familles des nations se

prosterneront devant sa face.
29. Car à Yahweh appartient l'empire, il domine sur les nations.
30. Les puissants de la terre mangeront et se prosterneront ; devant lui s'inclineront tous ceux qui descendent à la poussière, ceux qui ne peuvent prolonger leur vie.
31. La postérité le servira ; on parlera du Seigneur à la génération future.
32. Ils viendront et ils annonceront sa justice, au peuple qui naîtra, ils diront ce qu'il a fait.

Psaume 23

1. *Psaume de David.*
Yahweh est mon pasteur ; je ne manquerai de rien.
2. Il me fait reposer dans de verts pâturages, il me mène près des eaux rafraîchissantes ;
3. il restaure mon âme.
Il me conduit dans les droits sentiers, à cause de son nom.
4. Même quand je marche dans une vallée d'ombre mortelle, je ne crains aucun mal, car tu es avec moi : ta houlette et ton bâton me rassurent.
5. Tu dresses devant moi une table en face de mes ennemis ; tu répands l'huile sur ma tête ; ma coupe est débordante.
6. Oui, le bonheur et la grâce m'accompagneront, tous les jours de ma vie, et j'habiterai dans la maison de Yahweh, pour de longs jours.

Psaume 24

1. *Psaume de David.*
A Yahweh est la terre et ce qu'elle renferme, le monde et tous ceux qui l'habitent.
2. Car c'est lui qui l'a fondée sur les mers, qui l'a affermie sur les fleuves.
3. Qui montera à la montagne de Yahweh ? qui se tiendra

dans son lieu saint ? —
4 Celui qui a les mains innocentes et le cœur pur ; celui qui ne livre pas son âme au mensonge, et qui ne jure pas pour tromper.
5 Il obtiendra la bénédiction de Yahweh, la justice du Dieu de son salut.
6 Telle est la race de ceux qui le cherchent, de ceux qui cherchent la face du Dieu de Jacob. — *Séla.*
7 Portes, élevez vos linteaux ; élevez-vous, portes antiques : que le Roi de gloire fasse son entrée ! —
8 Quel est ce Roi de gloire ? — Yahweh fort et puissant, Yahweh puissant dans les combats.
9 Portes, élevez vos linteaux ; élevez-vous, portes antiques : que le Roi de gloire fasse son entrée ! —
10 Quel est ce Roi de gloire ? — Yahweh des armées, voilà le Roi de gloire ! — *Séla.*

Psaume 25

1 *Psaume de David.*
ALEPH.
Vers toi, Yahweh, j'élève mon âme, mon Dieu.
2 *BETH.*
En toi je me confie : que je n'aie pas de confusion !
Que mes ennemis ne se réjouissent pas à mon sujet !
3 *GHIMEL.*
Non, aucun de ceux qui espèrent en toi ne sera confondu ; ceux là seront confondus qui sont infidèles sans cause.
4 *DALETH.*
Yahweh, fais-moi connaître tes voies, enseigne-moi tes sentiers.
5 *HÉ.*
Conduis-moi dans ta vérité,

VAV.

et instruis-moi, car tu es le Dieu de mon salut ; tout le jour en toi j'espère.

6 *ZAÏN.*

Souviens-toi de ta miséricorde, Yahweh, et de ta bonté car elles sont éternelles.

7 *HETH.*

Ne te souviens pas des péchés de ma jeunesse ni de mes transgressions ; souviens-toi de moi selon ta miséricorde, à cause de ta bonté, ô Yahweh,

8 *TETH.*

Yahweh est bon et droit ; c'est pourquoi il indique aux pécheurs la voie.

9 *YOD.*

Il fait marcher les humbles dans la justice, il enseigne aux humbles sa voie.

10 *CAPH.*

Tous les sentiers de Yahweh sont miséricorde et fidélité, pour ceux qui gardent son alliance et ses commandements.

11 *LAMED.*

A cause de ton nom, Yahweh, tu pardonneras mon iniquité, car elle est grande.

12 *MEM.*

Quel est l'homme qui craint Yahweh ?
Yahweh lui montre la voie qu'il doit choisir.

13 *NUN.*

Son âme repose dans le bonheur, et sa postérité possédera le pays.

14 *SAMECH.*

La familiarité de Yahweh est pour ceux qui le craignent ; il leur fait connaître les bénédictions de son alliance.

15 *AÏN.*

J'ai les yeux constamment tournés vers Yahweh, car c'est lui qui tirera mes pieds du lacet.

16 *PHÉ.*

Regarde-moi et prends pitié de moi, car je suis délaissé et malheureux.

17 *TSADÉ.*

Les angoisses de mon cœur se sont accrues : tire-moi de ma détresse !

18 Vois ma misère et ma peine, et pardonne tous mes péchés.

19 *RESCH.*

Vois combien sont nombreux mes ennemis, et quelle haine violente ils ont contre moi !

20 *SCHIN.*

Garde mon âme et sauve-moi !

Que je ne sois pas confus, car j'ai mis en toi ma confiance !

21 *THAV.*

Que l'innocence et la droiture me protègent, car j'espère en toi.

22 Ô Dieu, délivre Israël de toutes ses angoisses !

Psaume 26

1 *De David.*

Rends-moi justice, Yahweh, car j'ai marché dans mon innocence ; je me confie en Yahweh, je ne chancellerai pas.

2 Eprouve-moi, Yahweh, sonde-moi, fais passer au creuset mes reins et mon cœur :

3 car ta miséricorde est devant mes yeux, et je marche dans ta vérité.

4 Je ne me suis pas assis avec les hommes de mensonge, je ne vais pas avec les hommes dissimulés.

5 Je hais l'assemblée de ceux qui font le mal, je ne siège pas avec les méchants.

6 Je lave mes mains dans l'innocence, et j'entoure ton autel, Yahweh,

7 pour faire entendre une voix de louange ; et raconter toutes tes merveilles.

8 Yahweh, j'aime le séjour de ta maison, le lieu où ta gloire réside.

9 N'enlève pas mon âme avec celle des pécheurs, ma vie avec celle des hommes de sang,
10 qui ont le crime dans les mains, et dont la droite est pleine de présents.
11 Pour moi, je marche en mon innocence : délivre-moi et aie pitié de moi !
12 Mon pied se tient sur un sol uni : je bénirai Yahweh dans les assemblées.

Psaume 27

1 *De David.*
Yahweh est ma lumière et mon salut : qui craindrais-je ?
Yahweh est le rempart de ma vie : de qui aurais-je peur ?
2 Quand des méchants se sont avancés contre moi, pour dévorer ma chair ; quand mes adversaires et mes ennemis se sont avancés, ce sont eux qui ont chancelé et qui sont tombés.
3 Qu'une armée vienne camper contre moi, mon cœur ne craindra point ; que contre moi s'engage le combat, alors même j'aurai confiance.
4 Je demande à Yahweh une chose, je la désire ardemment : je voudrais habiter dans la maison de Yahweh, tous les jours de ma vie, pour jouir des amabilités de Yahweh, pour contempler son sanctuaire.
5 Car il m'abritera dans sa demeure au jour de l'adversité, il me cachera dans le secret de sa tente, il m'établira sur un rocher.
6 Alors, ma tête s'élèvera au-dessus des ennemis qui sont autour de moi. J'offrirai dans son tabernacle des sacrifices d'actions de grâces, je chanterai et je dirai des hymnes à Yahweh.
7 Yahweh, écoute ma voix, je t'invoque ; aie pitié de moi et exauce-moi !

8 Mon cœur dit de ta part : « Cherchez ma face » ; je cherche ta face, Yahweh.
9 Ne me cache pas ta face, ne repousse pas avec colère ton serviteur ; tu es mon secours, ne me délaisse pas, et ne m'abandonne pas, Dieu de mon salut !
10 Car mon père et ma mère m'ont abandonné, mais Yahweh me recueillera.
11 Seigneur, enseigne-moi ta voie ; dirige-moi dans un sentier uni, à cause de ceux qui m'épient.
12 Ne me livre pas à la fureur de mes adversaires, car contre moi s'élèvent des témoins de mensonge, et des gens qui ne respirent que violence.
13 Ah ! si je ne croyais pas voir la bonté de Yahweh, dans la terre des vivants...
14 Espère en Yahweh ! Aie courage et que ton cœur soit ferme !
Espère en Yahweh !

Psaume 28

1 *De David.*
C'est vers toi, Yahweh, que je crie ; mon rocher, ne reste pas sourd à ma voix, de peur que, si tu gardes le silence, je ne ressemble à ceux qui descendent dans la fosse.
2 Écoute la voix de mes supplications, quand je crie vers toi, quand j'élève mes mains vers ton saint sanctuaire.
3 Ne m'emporte pas avec les méchants et les artisans d'iniquité, qui parlent de paix à leur prochain, et qui ont la malice dans le cœur.
4 Rends-leur selon leurs œuvres, et selon la malice de leurs actions ; rends-leur selon l'ouvrage de leurs mains, donne-leur le salaire qu'ils méritent.
5 Car ils ne prennent pas garde aux œuvres de Yahweh, à l'ouvrage de ses mains : il les détruira et ne les bâtira pas.

6 Béni soit Yahweh, car il a entendu la voix de mes supplications !
7 Yahweh est ma force et mon bouclier ; en lui s'est confié mon cœur.
J'ai été secouru ; aussi mon cœur est dans l'allégresse, et je le louerai par mes cantiques.
8 Yahweh est la force de son peuple, il est une forteresse de salut pour son Oint.
9 Sauve ton peuple et bénis ton héritage !
Sois leur pasteur et porte-les à jamais !

Psaume 29

1 *Psaume de David.*
Donnez à Yahweh, fils de Dieu,
donnez à Yahweh gloire et puissance !
2 Donnez à Yahweh la gloire de son nom !
Adorez Yahweh dans de saints ornements.
3 La voix de Yahweh gronde au-dessus des eaux,
le Dieu de la gloire tonne, Yahweh est sur les grandes eaux.
4 La voix de Yahweh est puissante,
la voix de Yahweh est majestueuse.
5 La voix de Yahweh brise les cèdres,
Yahweh brise les cèdres du Liban ;
6 il les fait bondir comme un jeune taureau,
le Liban et le Sirion comme le petit du buffle.
7 La voix de Yahweh fait jaillir des flammes de feu,
8 la voix de Yahweh ébranle le désert,
Yahweh ébranle le désert de Cadès.
9 La voix de Yahweh fait enfanter les biches, elle dépouille les forêts de leur feuillage, et dans son temple tout dit : « Gloire ! »
10 Yahweh, au déluge, est assis sur son trône,
Yahweh siège sur son trône, roi pour l'éternité.

11 Yahweh donnera la force à son peuple ;
Yahweh bénira son peuple en lui donnant la paix.

Psaume 30

1 *Psaume. Cantique pour la dédicace de la maison. De David.*
2 Je t'exalte, Yahweh, car tu m'as relevé, tu n'as pas réjoui mes ennemis à mon sujet.
3 Yahweh, mon Dieu, j'ai crié vers toi, et tu m'as guéri.
4 Yahweh, tu as fait remonter mon âme du schéol, tu m'as rendu la vie, loin de ceux qui descendent dans la fosse.
5 Chantez Yahweh, vous ses fidèles, célébrez son saint souvenir !
6 Car sa colère dure un instant, mais sa grâce toute la vie ; le soir viennent les pleurs, et le matin l'allégresse.
7 Je disais dans ma sécurité : « Je ne serai jamais ébranlé ! »
8 Yahweh, par ta grâce, tu avais affermi ma montagne ; — tu as caché ta face, et j'ai été troublé.
9 Yahweh, j'ai crié vers toi, j'ai imploré Yahweh :
10 « Que gagnes-tu à verser mon sang ; à me faire descendre dans la fosse ? La poussière chantera-t-elle tes louanges, annoncera-t-elle ta vérité ?
11 Ecoute, Yahweh, sois-moi propice ; Yahweh, viens à mon secours ! » —
12 Et tu as changé mes lamentations en allégresse, tu as délié mon sac et tu m'as ceint de joie,
13 afin que mon âme te chante et ne se taise pas.
Yahweh, mon Dieu, à jamais je te louerai.

Psaume 31

1 *Au maître de chant. Psaume de David.*
2 Yahweh, en toi j'ai placé mon refuge : que jamais je ne sois

confondu ! Dans ta justice sauve-moi !

3. Incline vers moi ton oreille, hâte-toi de me délivrer ! Sois pour moi un rocher protecteur, une forteresse où je trouve mon salut !
4. Car tu es mon rocher, ma forteresse ; et à cause de ton nom, tu me conduiras et me dirigeras.
5. Tu me tireras du filet qu'ils m'ont tendu, car tu es ma défense.
6. Entre tes mains je remets mon esprit ; tu me délivreras, Yahweh, Dieu de vérité !
7. Je hais ceux qui révèrent de vaines idoles : pour moi, c'est en Yahweh que je me confie.
8. Je tressaillirai de joie et d'allégresse à cause de ta bonté, car tu as regardé ma misère, tu as vu les angoisses de mon âme,
9. et tu ne m'as pas livré aux mains de l'ennemi ; tu donnes à mes pieds un libre espace.
10. Aie pitié de moi, Yahweh, car je suis dans la détresse ; mon œil est usé par le chagrin, ainsi que mon âme et mes entrailles.
11. Ma vie se consume dans la douleur, et mes années dans les gémissements ; ma force est épuisée à cause de mon iniquité, et mes os dépérissent.
12. Tous mes adversaires m'ont rendu un objet d'opprobre ; un fardeau pour mes voisins, un objet d'effroi pour mes amis. Ceux qui me voient dehors s'enfuient loin de moi.
13. Je suis en oubli, comme un mort, loin des cœurs ; je suis comme un vase brisé.
14. Car j'ai appris les mauvais propos de la foule, l'épouvante qui règne à l'entour, pendant qu'ils tiennent conseil contre moi : ils ourdissent des complots pour m'ôter la vie.
15. Et moi, je me confie en toi, Yahweh ; je dis : « Tu es mon Dieu ! »
16. Mes destinées sont dans ta main ; délivre-moi de la main de mes ennemis et de mes persécuteurs !
17. Fais luire ta face sur ton serviteur, sauve-moi par ta grâce !
18. Yahweh, que je ne sois pas confondu quand je t'invoque !

Que la confusion soit pour les méchants ! Qu'ils descendent en silence au schéol !

19 Qu'elles deviennent muettes les lèvres menteuses, qui parlent avec arrogance contre le juste, avec orgueil et mépris.

20 Qu'elle est grande ta bonté, que tu tiens en réserve pour ceux qui te craignent, que tu témoignes à ceux qui mettent en toi leur refuge, à la vue des enfants des hommes !

21 Tu les mets à couvert, dans l'asile de ta face, contre les machinations des hommes ; tu les caches dans ta tente, à l'abri des langues qui les attaquent.

22 Béni soit Yahweh ! Car il a signalé sa grâce envers moi, en me mettant dans une ville forte.

23 Je disais dans mon trouble : « Je suis rejeté loin de ton regard ! » Mais tu as entendu la voix de mes supplications, quand j'ai crié vers toi.

24 Aimez Yahweh, vous tous qui êtes pieux envers lui. Yahweh garde les fidèles, et il punit sévèrement les orgueilleux.

25 Ayez courage, et que votre cœur s'affermisse, vous tous qui espérez en Yahweh !

Psaume 32

1 *De David. — Pieuse méditation.*
Heureux celui dont la transgression a été remise, dont le péché est pardonné !

2 Heureux l'homme à qui Yahweh n'impute pas l'iniquité, et dans l'esprit duquel il n'y a point de fraude !

3 Tant que je me suis tu, mes os se consumaient dans mon gémissement, chaque jour.

4 Car jour et nuit ta main s'appesantissait sur moi ; la sève de ma vie se desséchait aux ardeurs de l'été. — *Séla.*

5 Je t'ai fait connaître mon péché, je n'ai point caché mon iniquité ;
j'ai dit : « Je veux confesser à Yahweh mes transgressions »,

et toi, tu as remis l'iniquité de mon péché.
— *Séla.*

6. Que tout homme pieux te prie donc au temps favorable ! Non ! quand les grandes eaux déborderont, elles ne l'atteindront point.
7. Tu es mon asile, tu me préserveras de la détresse ; tu m'entoureras de chants de délivrance. — *Séla.*
8. — « Je t'instruirai et te montrerai la voie que tu dois suivre ; je serai ton conseiller, mon œil sera sur toi. » —
9. Ne soyez pas comme le cheval ou le mulet sans intelligence ; il faut les gouverner avec le mors et le frein, autrement, ils n'obéissent pas.
10. De nombreuses douleurs sont la part du méchant, mais celui qui se confie en Yahweh est environné de sa grâce.
11. Justes, réjouissez-vous en Yahweh et soyez dans l'allégresse ! Poussez des cris de joie, vous tous qui avez le cœur droit !

Psaume 33

1. *Justes, réjouissez-vous en Yahweh ! Aux hommes droits sied la louange.*
2. Célébrez Yahweh avec la harpe, chantez-le sur le luth à dix cordes.
3. Chantez à sa gloire un cantique nouveau ; unissez avec art vos instruments et vos voix.
4. Car la parole de Yahweh est droite, et toutes ses œuvres s'accomplissent dans la fidélité.
5. il aime la justice et la droiture ; la terre est remplie de la bonté de Yahweh.
6. Par la parole de Yahweh les cieux ont été faits, et toute leur armée par le souffle de sa bouche.
7. Il rassemble comme en un monceau les eaux de la mer ; il met dans des réservoirs les flots de l'abîme.
8. Que toute la terre craigne Yahweh !
Que tous les habitants de l'univers tremblent devant lui !

9. Car il a dit, et tout a été fait ; il a ordonné, et tout a existé.
10. Yahweh renverse les desseins des nations ; il réduit à néant les pensées des peuples.
11. Mais les desseins de Yahweh subsistent à jamais et les pensées de son cœur dans toutes les générations.
12. Heureuse la nation dont Yahweh est le Dieu, heureux le peuple qu'il a choisi pour son héritage !
13. Du haut des cieux Yahweh regarde, il voit tous les enfants des hommes ;
14. du lieu de sa demeure, il observe tous les habitants de la terre,
15. lui qui forme leur cœur à tous, qui est attentif à toutes leurs actions.
16. Ce n'est pas le nombre des soldats qui donne au roi la victoire, ce n'est pas une grande force qui fait triompher le guerrier.
17. Le cheval est impuissant à procurer le salut, et toute sa vigueur n'assure pas la délivrance.
18. L'œil de Yahweh est sur ceux qui le craignent, sur ceux qui espèrent en sa bonté,
19. pour délivrer leur âme de la mort, et les faire vivre au temps de la famine.
20. Notre âme attend avec confiance Yahweh ; il est notre secours et notre bouclier ;
21. car en lui notre cœur met sa joie, car en son saint nom nous mettons notre confiance.
22. Yahweh, que ta grâce soit sur nous, comme nous espérons en toi !

Psaume 34

1. *De David : lorsqu'il contrefit l'insensé en présence d'Abimélech, et que, chassé par lui, il s'en alla.*
2. *ALEPH.*
Je veux bénir Yahweh en tout temps ; sa louange sera tou-

jours dans ma bouche.

3   *BETH.*

En Yahweh mon âme se glorifiera : que les humbles entendent et se réjouissent !

4   *GHIMEL.*

Exaltez avec moi Yahweh, ensemble célébrons son nom !

5   *DALETH.*

J'ai cherché Yahweh, et il m'a exaucé, et il m'a délivré de toutes mes frayeurs.

6   *HÉ.*

Quand on regarde vers lui, on est rayonnant de joie,

      VAV.

et le visage ne se couvre pas de honte.

7   *ZAÏN.*

Ce pauvre a crié, et Yahweh l'a entendu, et il l'a sauvé de toutes ses angoisses.

8   *HETH.*

L'ange de Yahweh campe autour de ceux qui le craignent, et il les sauve.

9   *TETH.*

Goûtez et voyez combien Yahweh est bon !
Heureux l'homme qui met en lui son refuge !

10   *YOD.*

Craignez Yahweh, vous ses saints, car il n'y a point d'indigence pour ceux qui le craignent.

11   *CAPH.*

Les lionceaux peuvent connaître la disette et la faim, mais ceux qui cherchent Yahweh ne manquent d'aucun bien.

12   *LAMED.*

Venez, mes fils, écoutez-moi, je vous enseignerai la crainte de Yahweh.

13   *MEM.*

Quel est l'homme qui aime la vie, qui désire de longs jours pour jouir du bonheur ? —

14   *NUN.*

Préserve ta langue du mal, et tes lèvres des paroles trompeuses ;

15 *SAMECH.*
éloigne-toi du mal et fais le bien, recherche la paix, et poursuis-la.
16 *AIN.*
Les yeux de Yahweh sont sur les justes ; et ses oreilles sont attentives à leurs cris.
17 *PHÉ.*
La face de Yahweh est contre ceux qui font le mal, pour retrancher de la terre leur souvenir.
18 *TSADÉ.*
Les justes crient, et Yahweh les entend, et il les délivre de toutes leurs angoisses.
19 *QOPH.*
Yahweh est près de ceux qui ont le cœur brisé, il sauve ceux dont l'esprit est abattu.
20 *RESCH.*
Nombreux sont les malheurs du juste, mais de tous Yahweh le délivre.

21 *SCHIN.*
Il garde tous ses os, aucun d'eux ne sera brisé.
22 *THAV.*
Le mal tue le méchant, et les ennemis du juste sont châtiés.
23 Yahweh délivre l'âme de ses serviteurs, et tous ceux qui se réfugient en lui ne sont pas châtiés.

Psaume 35

1 *De David.*
Yahweh, combats ceux qui me combattent, fais la guerre à ceux qui me font la guerre !
2 Saisis le petit et le grand bouclier, et lève-toi pour me secourir !
3 Tire la lance et barre le passage à mes persécuteurs ; dis à mon âme : « Je suis ton salut ! »

4 Qu'ils soient honteux et confus ceux qui en veulent à ma vie ; qu'ils reculent et rougissent ceux qui méditent ma perte !

5 Qu'ils soient comme la paille au souffle du vent, et que l'ange de Yahweh les chasse devant lui !

6 Que leur voie soit ténébreuse et glissante, et que l'ange de Yahweh les poursuive !

7 Car sans cause ils ont caché leur filet pour ma ruine, sans cause ils ont creusé la fosse pour me faire périr.

8 Que la ruine tombe sur lui à l'improviste, que le filet qu'il a caché le saisisse, qu'il y tombe et périsse !

9 Et mon âme aura de la joie en Yahweh, de l'allégresse dans son salut.

10 Tous mes os diront : « Yahweh, qui est semblable à toi, délivrant le malheureux d'un plus fort que lui, le malheureux et le pauvre de celui qui le dépouille ? »

11 Des témoins iniques se lèvent ; ils m'accusent de choses que j'ignore.

12 Ils me rendent le mal pour le bien ; mon âme est dans l'abandon.

13 Et moi, quand ils étaient malades, je revêtais un sac, j'affligeais mon âme par le jeûne, et ma prière retournait sur mon sein.

14 Comme pour un ami, pour un frère, je me traînais lentement ; comme pour le deuil d'une mère, je me courbais avec tristesse.

15 Et maintenant que je chancelle, ils se réjouissent et s'assemblent, contre moi des calomniateurs s'assemblent à mon insu ; ils me déchirent sans relâche.

16 Comme d'impurs parasites à la langue moqueuse, ils grincent des dents contre moi.

17 Seigneur, jusques à quand le verras-tu ? Arrache mon âme à leurs persécutions, ma vie à la fureur de ces lions !

18 Je te louerai dans la grande assemblée, je te célébrerai au milieu d'un peuple nombreux.

19 Qu'ils ne se réjouissent pas à mon sujet, ceux qui m'atta-

quent sans raison ! Qu'ils ne clignent pas des yeux, ceux qui me haïssent sans cause !
20 Car leur langage n'est pas celui de la paix ; ils méditent de perfides desseins contre les gens tranquilles du pays.
21 Ils ouvrent toute large contre moi leur bouche, ils disent : « Ah ! ah ! notre œil a vu... ! »
22 Yahweh, tu le vois ! Ne reste pas en silence, Seigneur, ne t'éloigne pas de moi !
23 Eveille-toi, lève-toi pour me faire justice, mon Dieu et mon Seigneur, pour prendre en main ma cause !
24 Juge-moi selon ta justice, Yahweh, mon Dieu, et qu'ils ne se réjouissent pas à mon sujet !
25 Qu'ils ne disent pas dans leur cœur : « Notre âme est satisfaite ! » qu'ils ne disent pas : « Nous l'avons englouti ! »
26 Qu'ils rougissent et soient confondus tous ensemble, ceux qui se réjouissent de mon malheur ! Qu'ils soient couverts de honte et d'ignominie, ceux qui s'élèvent contre moi !
27 Qu'ils soient dans la joie et l'allégresse, ceux qui désirent le triomphe de mon droit ; et que sans cesse ils disent : « Gloire à Yahweh, qui veut la paix de son serviteur ! »
28 Et ma langue célébrera ta justice, ta louange tous les jours.

Psaume 36

1 *Au maître de chant. De David, serviteur de Yahweh.*
2 L'iniquité parle au méchant dans le fond de son cœur ; la crainte de Dieu n'est pas devant ses yeux.
3 Car il se flatte lui-même, sous le regard divin, doutant que Dieu découvre jamais son crime et le déteste.
4 Les paroles de sa bouche sont injustice et tromperie ; il a cessé d'avoir l'intelligence, de faire le bien.
5 Il médite l'iniquité sur sa couche ; il se tient sur une voie qui n'est pas bonne ; il ne rejette pas le mal.
6 Yahweh, ta bonté atteint jusqu'aux cieux, ta fidélité jusqu'aux nues.

7 Ta justice est comme les montagnes divines, tes jugements sont comme le vaste abîme. Yahweh, tu gardes les hommes et les bêtes :

8 combien est précieuse ta bonté, ô Dieu !
A l'ombre de tes ailes les fils de l'homme cherchent un refuge.

9 Ils s'enivrent de la graisse de ta maison, et tu les abreuves au torrent de tes délices.

10 Car auprès de toi est la source de la vie, et dans ta lumière nous voyons la lumière.

11 Continue ta bonté à ceux qui te connaissent, et ta justice à ceux qui ont le cœur droit.

12 Que le pied de l'orgueilleux ne m'atteigne pas, et que la main des méchants ne me fasse pas fuir !

13 Les voilà tombés, ceux qui commettent l'iniquité ! Ils sont renversés, et ils ne peuvent se relever.

Psaume 37

1 *De David.*
ALEPH.
Ne t'irrite pas au sujet des méchants, ne porte pas envie à ceux qui font le mal.

2 Car, comme l'herbe, ils seront vite coupés ; comme la verdure du gazon, ils se dessécheront.

3 *BETH.*
Mets ta confiance en Yahweh, et fais le bien ; habite le pays, et jouis de sa fidélité.

4 Fais de Yahweh tes délices, et il te donnera ce que ton cœur désire.

5 *GHIMEL.*
Remets ton sort à Yahweh et confie-toi en lui : il agira :

6 il fera resplendir ta justice comme la lumière, et ton droit comme le soleil à son midi.

7 *DALETH.*
Tiens-toi en silence devant Yahweh, et espère en lui ; ne t'irrite pas au sujet de celui qui prospère dans ses voies ; de l'homme qui réussit en ses intrigues.

8 *HÉ.*
Laisse la colère, abandonne la fureur ; ne t'irrite pas, pour n'aboutir qu'au mal.

9 Car les méchants seront retranchés, mais ceux qui espèrent en Yahweh posséderont le pays.

10 *VAV.*
Encore un peu de temps, et le méchant n'est plus ; tu regardes sa place, et il a disparu.

11 Mais les doux posséderont la terre, ils goûteront les délices d'une paix profonde.

12 *ZAÏN.*
Le méchant forme des projets contre le juste, il grince les dents contre lui.

13 Le Seigneur se rit du méchant, car il voit que son jour arrive.

14 *HETH.*
Les méchants tirent le glaive, ils bandent leur arc ; pour abattre le malheureux et le pauvre, pour égorger ceux dont la voie est droite.

15 Leur glaive entrera dans leur propre cœur, et leurs arcs se briseront.

16 *TETH.*
Mieux vaut le peu du juste, que l'abondance de nombreux méchants ;

17 car les bras des méchants seront brisés, et Yahweh soutient les justes.

18 *YOD.*
Yahweh connaît les jours des hommes intègres, et leur héritage dure à jamais.

19 Ils ne sont pas confondus au jour du malheur, et ils sont rassasiés aux jours de la famine.

20   *CAPH.*

Car les méchants périssent ; les ennemis de Yahweh sont comme la gloire des prairies ; ils s'évanouissent en fumée, ils s'évanouissent.

21   *LAMED.*

Le méchant emprunte, et il ne rend pas ; le juste est compatissant, et il donne.

22 Car ceux que bénit Yahweh possèdent le pays, et ceux qu'il maudit sont retranchés.

23   *MEM.*

Yahweh affermit les pas de l'homme juste, et il prend plaisir à sa voie.

24 S'il tombe, il n'est pas étendu par terre, car Yahweh soutient sa main.

25   *NUN.*

J'ai été jeune, me voilà vieux, et je n'ai point vu le juste abandonné ; ni sa postérité mendiant son pain.

26 Toujours il est compatissant, et il prête, et sa postérité est en bénédiction.

27   *SAMECH.*

Détourne-toi du mal et fais le bien ; et habite à jamais ta demeure.

28 Car Yahweh aime la justice, et il n'abandonne pas ses fidèles.

Ils sont toujours sous sa garde, mais la postérité des méchants sera retranchée.

29 Les justes posséderont le pays, et ils y habiteront à jamais.

30   *PHÉ.*

La bouche du juste annonce la sagesse, et sa langue proclame la justice.

31 La loi de son Dieu est dans son cœur ; ses pas ne chancellent point.

32   *TSADÉ.*

Le méchant épie le juste, et il cherche à le faire mourir.

33 Yahweh ne l'abandonne pas entre ses mains, et il ne le condamne pas quand vient son jugement.

34 *QOPH.*
Attends Yahweh et garde sa voie, et il t'élèvera et tu posséderas le pays ; quand les méchants seront retranchés, tu le verras.

35 *RESCH.*
J'ai vu l'impie au comble de la puissance ; il s'étendait comme un arbre verdoyant.

36 J'ai passé, et voici qu'il n'était plus ; je l'ai cherché, et on ne l'a plus trouvé.

37 *SCHIN.*
Observe celui qui est intègre, et regarde celui qui est droit ; car il y a une postérité pour l'homme de paix.

38 Mais les rebelles seront tous anéantis, la postérité des méchants sera retranchée.

39 *THAV.*
De Yahweh vient le salut des justes ; il est leur protecteur au temps de la détresse.

40 Yahweh leur vient en aide et les délivre ; il les délivre des méchants et les sauve, parce qu'ils ont mis en lui leur confiance.

Psaume 38

1 *Psaume de David. Pour faire souvenir.*

2 Yahweh, ne me punis pas dans ta colère, et ne me châtie pas dans ta fureur.

3 Car tes flèches m'ont atteint, et ta main s'est appesantie sur moi.

4 Il n'y a rien de sain dans ma chair à cause de ta colère, il n'y a rien de sauf dans mes os à cause de mon péché.

5 Car mes iniquités s'élèvent au-dessus de ma tête ; comme un lourd fardeau, elles m'accablent de leur poids.

6 Mes meurtrissures sont infectes et purulentes, par l'effet de ma folie.

7 Je suis courbé, abattu à l'excès ; tout le jour je marche dans

le deuil.

8 Un mal brûlant dévore mes reins, et il n'y a rien de sain dans ma chair.

9 Je suis sans force, brisé outre mesure ; le trouble de mon cœur m'arrache des gémissements.

10 Seigneur, tous mes désirs sont devant toi, et mes soupirs ne te sont pas cachés.

11 Mon cœur palpite, ma force m'abandonne, et la lumière même de mes yeux n'est plus avec moi.

12 Mes amis et mes compagnons s'éloignent de ma plaie ; et mes proches se tiennent à l'écart.

13 Ceux qui en veulent à ma vie tendent leurs pièges ; ceux qui cherchent mon malheur profèrent des menaces, et tout le jour ils méditent des embûches.

14 Et moi, je suis comme un sourd, je n'entends pas ; je suis comme un muet, qui n'ouvre pas la bouche.

15 Je suis comme un homme qui n'entend pas, et dans la bouche duquel il n'y a point de réplique.

16 C'est en toi, Yahweh, que j'espère ; toi, tu répondras, Seigneur, mon Dieu !

17 Car je dis : « Qu'ils ne se réjouissent pas à mon sujet, qu'ils ne s'élèvent pas contre moi, si mon pied chancelle. »

18 Car je suis près de tomber, et ma douleur est toujours devant moi.

19 Car je confesse mon iniquité, je suis dans la crainte à cause de mon péché.

20 Et mes ennemis sont pleins de vie, ils sont puissants ; ceux qui me haïssent sans cause se sont multipliés.

21 Ils me rendent le mal pour le bien ; ils me sont hostiles, parce que je cherche la justice.

22 Ne m'abandonne pas, Yahweh ! Mon Dieu, ne t'éloigne pas de moi !

23 Hâte-toi de me secourir, Seigneur, toi qui es mon salut !

Psaume 39

1. *Au maître de chant, à Idithun. Chant de David.*
2. Je disais : « Je veillerai sur mes voies, de peur de pécher par la langue ; je mettrai un frein à ma bouche, tant que le méchant sera devant moi. »
3. Et je suis resté muet, dans le silence ; je me suis tu, quoique privé de tout bien. Mais ma douleur s'est irritée,
4. mon cœur s'est embrasé au-dedans de moi ; dans mes réflexions un feu s'est allumé, et la parole est venue sur ma langue.
5. Fais-moi connaître, Yahweh, quel est le terme de ma vie ; quelle est la mesure de mes jours ; que je sache combien je suis périssable.
6. Tu as donné à mes jours la largeur de la main, et ma vie est comme un rien devant toi. Oui, tout homme vivant n'est qu'un souffle. — *Séla.*
7. Oui, l'homme passe comme une ombre ; oui, c'est en vain qu'il s'agite ; il amasse, et il ignore qui recueillera.
8. Maintenant, que puis-je attendre, Seigneur ? Mon espérance est en toi.
9. Délivre-moi de toutes mes transgressions ; ne me rends pas l'opprobre de l'insensé.
10. Je me tais, je n'ouvre plus la bouche, car c'est toi qui agis.
11. Détourne de moi tes coups ; sous la rigueur de ta main, je succombe !
12. Quand tu châties l'homme, en le punissant de son iniquité, tu détruis, comme fait la teigne, ce qu'il a de plus cher. Oui, tout homme n'est qu'un souffle. — *Séla.*
13. Ecoute ma prière, Yahweh, prête l'oreille à mes cris, ne sois pas insensible à mes larmes ! Car je suis un étranger chez toi, un voyageur, comme tous mes pères.
14. Détourne de moi le regard et laisse-moi respirer, avant que je m'en aille et que je ne sois plus !

PSAUTIER

Psaume 40

1 Du maître de chant. De David. Psaume.
2 J'ai mis en Yahweh toute mon espérance : il s'est incliné vers moi, il a écouté mes cris.
3 Il m'a retiré de la fosse de perdition, de la fange du bourbier ; il a dressé mes pieds sur le rocher, il a affermi mes pas.
4 Il a mis dans ma bouche un cantique nouveau, une louange à notre Dieu ; beaucoup le voient, et ils révèrent Yahweh, ils se confient en lui.
5 Heureux l'homme qui a mis en Yahweh sa confiance, et qui ne se tourne pas vers les orgueilleux, et vers ceux que le mensonge égare !
6 Tu as multiplié, Yahweh, mon Dieu, tes merveilles et tes desseins en notre faveur : nul n'est comparable à toi. Je voudrais les publier et les proclamer ; ils surpassent tout récit.
7 Tu ne désires ni sacrifice ni oblation, tu m'as percé les oreilles ; tu ne demandes ni holocauste ni victime expiatoire.
8 Alors j'ai dit : « Voici que je viens, avec le rouleau du livre écrit pour moi.
9 Je veux faire ta volonté, ô mon Dieu, et ta loi est au fond de mon cœur. »
10 J'annoncerai la justice dans une grande assemblée ; je ne fermerai pas mes lèvres, Yahweh, tu le sais.
11 Je ne tiendrai pas ta justice cachée dans mon cœur ; je publierai ta fidélité et ton salut, je ne tairai pas ta bonté et ta vérité à la grande assemblée.
12 Toi, Yahweh, ne me ferme pas tes miséricordes ; que ta bonté et ta vérité me gardent toujours !
13 Car des maux sans nombre m'environnent ; mes iniquités m'ont saisi, et je ne puis voir ; elles sont plus nombreuses que les cheveux de ma tête, et mon cœur m'abandonne.
14 Qu'il te plaise, Yahweh, de me délivrer ! Yahweh, hâte-toi

de me secourir !
15 Qu'ils soient confus et honteux tous ensemble, ceux qui cherchent mon âme pour la perdre ! Qu'ils reculent et rougissent, ceux qui désirent ma ruine !
16 Qu'ils soient dans la stupeur à cause de leur honte, ceux qui me disent : « Ah ! ah ! »
17 Qu'ils soient dans l'allégresse et se réjouissent en toi, tous ceux qui te cherchent ! Qu'ils disent sans cesse : « Gloire à Yahweh, » ceux qui aiment ton salut !
18 Moi, je suis pauvre et indigent, mais le Seigneur prendra soin de moi. Tu es mon aide et mon libérateur : mon Dieu, ne tarde pas !

Psaume 41

1 *Au maître de chant. Psaume de David.*
2 Heureux celui qui prend souci du pauvre ! Au jour du malheur, Yahweh le délivrera.
3 Yahweh le gardera et le fera vivre ; il sera heureux sur la terre, et tu ne le livreras pas au désir de ses ennemis.
4 Yahweh l'assistera sur son lit de douleur ; tu retourneras toute sa couche dans sa maladie.
5 Moi, je dis : « Yahweh, aie pitié de moi ! guéris mon âme, car j'ai péché contre toi ! »
6 Et mes ennemis profèrent contre moi des malédictions : « Quand mourra-t-il ? Quand périra son nom ? »
7 Si quelqu'un vient me visiter, il ne profère que mensonges ; son cœur recueille l'iniquité ; quand il s'en va, il parle au dehors.
8 Tous mes ennemis chuchotent ensemble contre moi, contre moi ils méditent le malheur.
9 « Un mal irrémédiable, disent-ils, a fondu sur lui ; le voilà couché, il ne se relèvera plus ! »
10 Même l'homme qui était mon ami, qui avait ma confiance

et qui mangeait mon pain, lève le talon contre moi.
11 Toi, Yahweh, aie pitié de moi et relève-moi, et je leur rendrai ce qu'ils méritent.
12 Je connaîtrai que tu m'aimes, si mon ennemi ne triomphe pas de moi.
13 A cause de mon innocence, tu m'as soutenu, et tu m'as établi pour toujours en ta présence.
14 Béni soit Yahweh, le Dieu d'Israël, dans les siècles des siècles ! Amen ! Amen !

Psaume 42

1 *Au maître de chant. Cantique des fils de Coré.*
2 Comme le cerf soupire après les sources d'eau, ainsi mon âme soupire après toi, ô Dieu.
3 Mon âme a soif de Dieu, du Dieu vivant : quand irai-je et paraîtrai-je devant la face de Dieu ?
4 Mes larmes sont ma nourriture jour et nuit, pendant qu'on me dit sans cesse : « Où est ton Dieu ? »
5 Je me rappelle, — et à ce souvenir mon âme se fond en moi, — quand je marchais entouré de la foule, et que je m'avançais vers la maison de Dieu, au milieu des cris de joie et des actions de grâces d'une multitude en fête !
6 Pourquoi es-tu abattue, ô mon âme, et t'agites-tu en moi ? Espère en Dieu, car je le louerai encore, lui, le salut de ma face et mon Dieu !
7 Mon âme est abattue au dedans de moi ; aussi je pense à toi, du pays du Jourdain, de l'Hermon, de la montagne de Misar.
8 Un flot en appelle un autre, quand grondent tes cataractes : ainsi toutes tes vagues et tes torrents passent sur moi.
9 Le jour, Yahweh commandait à sa grâce de me visiter ; la nuit, son cantique était sur mes lèvres j'adressais une prière au Dieu de ma vie.

10 Maintenant je dis à Dieu mon rocher : « Pourquoi m'oublies-tu ? pourquoi me faut-il marcher dans la tristesse, sous l'oppression de l'ennemi ? »
11 Je sens mes os se briser, quand mes persécuteurs m'insultent, en me disant sans cesse : « Où est ton Dieu ? » —
12 Pourquoi es-tu abattue, ô mon âme, et t'agites-tu en moi ? Espère en Dieu, car je le louerai encore, lui, le salut de ma face et mon Dieu !

Psaume 43

1 Rends-moi justice, ô Dieu, défends ma cause contre une nation infidèle ; délivre-moi de l'homme de fraude et d'iniquité !
2 Car tu es le Dieu de ma défense : pourquoi me repousses-tu ? Pourquoi me faut-il marcher dans la tristesse, sous l'oppression de l'ennemi ?
3 Envoie ta lumière et ta fidélité ; qu'elles me guident, qu'elles me conduisent à ta montagne sainte et à tes tabernacles !
4 J'irai à l'autel de Dieu, au Dieu qui est ma joie et mon allégresse, et je te célébrerai sur la harpe, ô Dieu, mon Dieu ! —
5 Pourquoi es-tu abattue, ô mon âme, et t'agites-tu en moi ? Espère en Dieu, car je le louerai encore, lui, le salut de ma face et mon Dieu !

Psaume 44

1 *Au maître de chant. Des fils de Coré. Cantique.*
2 O Dieu, nous avons entendu de nos oreilles, nos pères nous ont raconté l'œuvre que tu as accomplie de leur temps, aux jours anciens.
3 De ta main tu as chassé des nations pour les établir, tu as

frappé des peuples pour les étendre.
4 Car ce n'est point avec leur épée qu'ils ont conquis le pays, ce n'est point leur bras qui leur a donné la victoire ; mais c'est ta droite, c'est ton bras, c'est la lumière de ta face, parce que tu les aimais.
5 C'est toi qui es mon roi, ô Dieu : ordonne le salut de Jacob !
6 Par toi nous renverserons nos ennemis, en ton nom nous écraserons nos adversaires.
7 Car ce n'est pas en mon arc que j'ai confiance ce n'est pas mon épée qui me sauvera.
8 Mais c'est toi qui nous délivres de nos ennemis, et qui confonds ceux qui nous haïssent.
9 En Dieu nous nous glorifions chaque jour, et nous célébrons ton nom à jamais. — *Séla*.
10 Cependant tu nous repousses et nous couvres de honte ; tu ne sors plus avec nos armées.
11 Tu nous fais reculer devant l'ennemi, et ceux qui nous haïssent nous dépouillent.
12 Tu nous livres comme des brebis destinées à la boucherie, tu nous disperses parmi les nations ;
13 tu vends ton peuple à vil prix, tu ne l'estimes pas à une grande valeur.
14 Tu fais de nous un objet d'opprobre pour nos voisins, de moquerie et de risée pour ceux qui nous entourent.
15 Tu nous rends la fable des nations, et un sujet de hochements de tête parmi les peuples.
16 Ma honte est toujours devant mes yeux, et la confusion couvre mon visage,
17 à la voix de celui qui m'insulte et m'outrage, à la vue de l'ennemi et de celui qui respire la vengeance.
18 Tout cela nous arrive sans que nous t'ayons oublié, sans que nous ayons été infidèles à ton alliance.
19 Notre cœur ne s'est point détourné en arrière, nos pas ne se sont pas écartés de ton sentier,
20 pour que tu nous écrases dans la retraite des chacals, et que tu nous couvres de l'ombre de la mort.

21 Si nous avions oublié le nom de notre Dieu, et tendu les mains vers un dieu étranger,
22 Dieu ne l'aurait-il pas aperçu, lui qui connaît les secrets du cœur ?
23 Mais c'est à cause de toi qu'on nous égorge tous les jours, qu'on nous traite comme des brebis destinées à la boucherie.
24 Réveille-toi ! Pourquoi dors-tu, Seigneur ?
Réveille-toi, et ne nous repousse pas à jamais !
25 Pourquoi caches-tu ta face, oublies-tu notre misère et notre oppression ?
26 Car notre âme est affaissée jusqu'à la poussière, notre corps est attaché à la terre.
27 Lève-toi pour nous secourir, délivre-nous à cause de ta bonté !

Psaume 45

1 *Au maître de chant. Sur les lis. Cantique des fils de Coré. Chant d'amour.*
2 De mon cœur jaillit un beau chant ;
je dis : « Mon œuvre est pour un roi ! »
Ma langue est comme le roseau rapide du scribe.
3 Tu es le plus beau des fils de l'homme, la grâce est répandue sur tes lèvres ; c'est pourquoi Dieu t'a béni pour toujours.
4 Ceins ton épée sur ta cuisse, ô héros, revêts ta splendeur et ta majesté.
5 Et dans ta majesté avance-toi, monte sur ton char, combats pour la vérité, la douceur et la justice ; et que ta droite te fasse accomplir des faits merveilleux.
6 Tes flèches sont aiguës ; des peuples tomberont à tes pieds ; elles perceront le cœur des ennemis du roi.
7 Ton trône, ô Dieu, est établi pour toujours ; le sceptre de ta royauté est un sceptre de droiture.

8 Tu aimes la justice et tu hais l'iniquité : c'est pourquoi Dieu, ton Dieu, t'a oint d'une huile d'allégresse, de préférence à tes compagnons.
9 La myrrhe, l'aloès et la casse s'exhalent de tous tes vêtements ; des palais d'ivoire, les lyres te réjouissent.
10 Des filles de rois sont parmi tes bien-aimées ; la reine est à ta droite, parée de l'or d'Ophir.
11 « Ecoute, ma fille, regarde et prête l'oreille : oublie ton peuple et la maison de ton père,
12 et le roi sera épris de ta beauté ; car il est ton Seigneur : rends-lui tes hommages.
13 La fille de Tyr, avec des présents, et les plus riches du peuple rechercheront ta faveur. »
14 Toute resplendissante est la fille du roi dans l'intérieur ; son vêtement est fait de tissus d'or.
15 En robe de couleurs variées, elle est présentée au roi ; après elle, des jeunes filles ses compagnes, te sont amenées.
16 On les introduit au milieu des réjouissances et de l'allégresse ; elles entrent dans le palais du Roi.
17 Tes enfants prendront la place de tes pères ; tu les établiras princes sur toute la terre.
18 Je rappellerai ton nom dans tous les âges ; et les peuples te loueront éternellement et à jamais.

Psaume 46

1 *Au maître de chant. Des fils de Coré. Sur le ton des vierges. Cantique.*
2 Dieu est notre refuge et notre force ; un secours que l'on rencontre toujours dans la détresse.
3 Aussi sommes-nous sans crainte si la terre est bouleversée, si les montagnes s'abîment au sein de l'océan,
4 si les flots de la mer s'agitent, bouillonnent, et, dans leur furie, ébranlent les montagnes. — *Séla.*
5 Un fleuve réjouit de ses courants la cité de Dieu, le sanc-

tuaire où habite le Très-Haut.
6 Dieu est au milieu d'elle : elle est inébranlable ; au lever de l'aurore, Dieu vient à son secours.
7 Les nations s'agitent, les royaumes s'ébranlent ; il fait entendre sa voix et la terre se fond d'épouvante.
8 Yahweh des armées est avec nous ; le Dieu de Jacob est pour nous une citadelle. — *Séla.*
9 Venez, contemplez les œuvres de Yahweh, les dévastations qu'il a opérées sur la terre !
10 Il a fait cesser les combats jusqu'au bout de ta terre, il a brisé l'arc, il a rompu la lance, il a consumé par le feu les chars de guerre :
11 « Arrêtez et reconnaissez que je suis Dieu ; je domine sur les nations, je domine sur la terre ! »
12 Yahweh des armées est avec nous, le Dieu de Jacob est pour nous une citadelle. — *Séla.*

Psaume 47

1 *Au maître de chant. Des fils de Coré. Psaume.*
2 Vous tous, peuples, battez des mains, célébrez Dieu par des cris d'allégresse !
3 Car Yahweh est très haut, redoutable, grand roi sur toute la terre.
4 Il nous assujettit les peuples, il met les nations sous nos pieds.
5 Il nous choisit notre héritage, la gloire de Jacob, son bien-aimé. — *Séla.*
6 Dieu monte à son sanctuaire au milieu des acclamations ; Yahweh, au son de la trompette.
7 Chantez à Dieu, chantez ! Chantez à notre Roi, chantez !
8 Car Dieu est roi de toute la terre ; chantez un cantique de louange.
9 Dieu règne sur les nations, il siège sur son trône saint.

10 Les princes des peuples se réunissent pour former aussi un peuple du Dieu d'Abraham ; car à Dieu sont les boucliers de la terre ; Il est souverainement élevé.

Psaume 48

1 *Cantique. Psaume des fils de Coré.*
2 Yahweh est grand, il est l'objet de toute louange, dans la cité de notre Dieu, sur sa montagne sainte.
3 Elle s'élève gracieuse, joie de toute la terre, la montagne de Sion, aux extrémités du septentrion, la cité du grand Roi.
4 Dieu, dans ses palais, s'est fait connaître comme un refuge.
5 Car voici que les rois s'étaient réunis, ensemble ils s'étaient avancés.
6 Ils ont vu, soudain ils ont été dans la stupeur ; éperdus, ils ont pris la fuite.
7 Là un tremblement les a saisis, une douleur comme celle de la femme qui enfante.
8 Par le vent d'Orient tu brises les vaisseaux de Tharsis.
9 Ce que nous avions entendu dire, nous l'avons vu dans la cité de Yahweh des armées ; dans la cité de notre Dieu : Dieu l'affermit pour toujours. — *Séla.*
10 O Dieu nous rappelons la mémoire de ta bonté, au milieu de ton temple.
11 Comme ton nom, ô Dieu, ainsi ta louange arrive jusqu'aux extrémités de la terre. Ta droite est pleine de justice.
12 Que la montagne de Sion se réjouisse, que les filles de Juda soient dans l'allégresse, à cause de tes jugements !
13 Parcourez Sion et faites-en le tour, comptez ses forteresses ;
14 observez son rempart, examinez ses palais, pour le raconter à la génération future.
15 Voilà le Dieu qui est notre Dieu à jamais et toujours ; il sera notre guide dans tous les siècles.

Psaume 49

1. *Au maître de chant. Psaume des fils de Coré.*
2. Ecoutez tous ceci, ô peuples ; prêtez l'oreille vous tous habitants du monde,
3. hommes du commun et hommes de condition, ensemble riches et pauvres.
4. Ma bouche va faire entendre des paroles sages, et mon cœur a des pensées pleines de sens.
5. Je prête l'oreille aux sentences que Dieu m'inspire ; j'explique mon énigme au son de la harpe.
6. Pourquoi craindrais-je aux jours du malheur, lorsque l'iniquité de mes persécuteurs m'assiège ?
7. Eux qui mettent leur confiance dans leurs biens, leur gloire dans leurs grandes richesses !
8. Un homme ne peut racheter son frère, ni payer à Dieu sa rançon.
9. Le rachat de leur vie est trop cher ; il est à jamais impossible,
10. pour qu'il vive éternellement, et qu'il ne voie jamais la fosse.
11. Non, il la verra ; les sages meurent, l'insensé et le stupide périssent également, laissant à d'autres leurs biens.
12. Ils s'imaginent que leurs maisons seront éternelles, que leurs demeures subsisteront d'âge en âge, et ils donnent leurs noms à leurs domaines.
13. Mais, même dans sa splendeur, l'homme ne dure pas ; il est semblable aux biches qui périssent.
14. Tel est leur sort, à ces hommes si confiants, et à ceux qui les suivent en approuvant leurs discours. — *Séla.*
15. Comme un troupeau, ils sont poussés dans le schéol, la mort est leur pasteur ; le matin, les hommes droits dominent sur eux, et leur ombre se consumera au schéol, sans autre demeure.
16. Mais Dieu rachètera mon âme de la puissance du schéol, car il me prendra avec lui. — *Séla.*

17 Ne crains donc pas, quand un homme s'enrichit, quand s'accroît l'opulence de sa maison.
18 Car il n'emportera rien à sa mort, son opulence ne descendra pas avec lui.
19 Il aura beau s'estimer heureux pendant sa vie.
« On aura beau te louer des jouissances que tu te donnes :
20 tu iras rejoindre la génération de tes pères, qui jamais ne reverront la lumière. »
21 L'homme, même dans sa splendeur, ne comprend pas, il est semblable aux bêtes qui périssent.

Psaume 50

1 *Psaume d'Asaph.*
Dieu, Elohim, Yahweh parle et convoque la terre, du lever du soleil à son couchant.
2 De Sion, beauté parfaite, Dieu resplendit.
3 Il vient, notre Dieu, et il ne se taira point ; devant lui est un feu dévorant, autour de lui se déchaîne la tempête.
4 Il appelle les cieux en haut, et la terre, pour juger son peuple :
5 « Rassemblez-moi mes fidèles, qui ont fait alliance avec moi sur le sacrifice. »
6 Et les cieux proclament sa justice, car c'est Dieu qui va juger. — *Séla.*
7 « Ecoute, mon peuple, et je parlerai ; Israël, et je te reprendrai : je suis Elohim, ton Dieu.
8 Ce n'est pas pour tes sacrifices que je te blâme ; tes holocaustes sont constamment devant moi.
9 Je ne prendrai point un taureau dans ta maison, ni des boucs dans tes bergeries.
10 Car à moi sont tous les animaux des forêts, toutes les bêtes des montagnes par milliers ;
11 je connais tous les oiseaux des montagnes, et ce qui se meut

dans les champs est sous ma main.
12. Si j'avais faim, je ne te le dirai pas, car le monde est à moi, et tout ce qu'il renferme.
13. Est-ce que je mange la chair des taureaux ? Est-ce que je bois le sang des boucs ?
14. Offre en sacrifice à Dieu l'action de grâces, et acquitte tes vœux envers le Très-Haut.
15. Et invoque-moi au jour de la détresse : je te délivrerai, et tu me glorifieras. »
16. Mais au méchant Dieu dit : « Quoi donc ! Tu énumères mes préceptes, et tu as mon alliance à la bouche,
17. toi qui détestes la discipline, et qui jettes mes paroles derrière toi !
18. Si tu vois un voleur, tu te plais avec lui, et tu fais cause commune avec les adultères.
19. Tu abandonnes ta bouche au mal, et ta langue ourdit la fraude.
20. Tu t'assieds, et tu parles contre ton frère, tu diffames le fils de ta mère.
21. Voilà ce que tu as fait, et je me suis tu. Tu t'es imaginé que j'étais pareil à toi ; mais je vais te reprendre et tout mettre sous tes yeux. »
22. Prenez-y donc garde, vous qui oubliez Dieu, de peur que je ne déchire, sans que personne délivre.
23. Celui qui offre en sacrifice l'action de grâces m'honore, et à celui qui dispose sa voie je ferai voir le salut de Dieu.

Psaume 51

1. *Au maître de chant. Psaume de David.*
2. *Lorsque Nathan le prophète vint le trouver, après qu'il fut allé vers Bethsabée.*
3. Aie pitié de moi, ô Dieu, selon ta bonté ; selon ta grande miséricorde efface mes transgressions.
4. Lave-moi complètement de mon iniquité, et purifie-moi de

mon péché.
5. Car je reconnais mes transgressions, et mon péché est constamment devant moi.
6. C'est contre toi seul que j'ai péché, j'ai fait ce qui est mal à tes yeux, afin que tu sois trouvé juste dans ta sentence, sans reproche dans ton jugement.
7. Voici que je suis né dans l'iniquité et ma mère m'a conçu dans le péché.
8. Voici que tu veux que la sincérité soit dans le cœur au dedans de moi ; fais-moi connaître la sagesse.
9. Purifie-moi avec l'hysope, et je serai pur ; lave-moi, et je serai plus blanc que la neige.
10. Annonce-moi la joie et l'allégresse, et les os que tu as brisés se réjouiront.
11. Détourne ta face de mes péchés, efface toutes mes iniquités.
12. Ô Dieu, crée en moi un cœur pur, et renouvelle au dedans de moi un esprit ferme.
13. Ne me rejette pas loin de ta face, ne me retire pas ton esprit saint.
14. Rends-moi la joie de ton salut, et soutiens-moi par un esprit de bonne volonté.
15. J'enseignerai tes voies à ceux qui les transgressent, et les pécheurs reviendront à toi.
16. O Dieu, Dieu de mon salut, délivre-moi du sang versé, et ma langue célébrera ta justice.
17. Seigneur, ouvre mes lèvres, et ma bouche publiera ta louange.
18. Car tu ne désires pas de sacrifices, — je t'en offrirais, — tu ne prends pas plaisir aux holocaustes.
19. Les sacrifices de Dieu, c'est un esprit brisé ; ô Dieu, tu ne dédaignes pas un cœur brisé et contrit.
20. Dans ta bonté, répands tes bienfaits sur Sion, bâtis les murs de Jérusalem !
21. Alors tu agréeras les sacrifices de justice, l'holocauste et le don parfait ; alors on offrira des taureaux sur ton autel.

Psaume 52

1 *Au maître de chant. Cantique de David.*
2 Lorsque Doëg l'Edomite vint faire à Saül ce rapport : David s'est rendu dans la maison d'Achimélech.
3 Pourquoi te glorifies-tu dans le mal, ô héros ! — La bonté de Dieu subsiste toujours ! —
4 Ta langue ne médite que malice, comme une lame affilée, fourbe que tu es !
5 Tu aimes le mal plutôt que le bien, le mensonge plutôt que la droiture. — *Séla.*
6 Tu aimes toutes les paroles de perdition, ô langue menteuse !
7 Aussi Dieu va te renverser pour toujours, il te saisira et t'arrachera de la tente, il te déracinera de la terre des vivants. — *Séla.*
8 Les justes le verront et ils seront effrayés, et ils se riront de lui :
9 « Voilà l'homme qui ne prenait pas Dieu pour sa forteresse, mais qui se confiait dans la grandeur de ses richesses, et se faisait fort de sa malice ! »
10 Et moi, je suis comme un olivier verdoyant ; dans la maison de Dieu, je me confie dans la bonté de Dieu à tout jamais.
11 Je te louerai sans cesse parce que tu as fait cela ; et j'espérerai en ton nom, car il est bon, en présence de tes fidèles.

Psaume 53

1 *Au maître de chant. Sur le ton plaintif. Cantique de David.*
2 L'insensé dit dans son cœur : « il n'y a pas de Dieu ! »
Ils sont corrompus, ils commettent des crimes abominables ; il n'en est aucun qui fasse le bien.
3 Dieu, du haut des cieux, regarde les fils de l'homme, pour voir s'il se trouve quelqu'un d'intelligent, quelqu'un qui

cherche Dieu.
4 Tous sont égarés, tous sont pervertis ; il n'en est aucun qui fasse le bien, pas même un seul.
5 N'ont-ils pas de connaissance ceux qui commettent l'iniquité ? Ils dévorent mon peuple comme ils mangent du pain, ils n'invoquent point Dieu !
6 Ils trembleront tout à coup d'épouvante, sans qu'il y ait sujet d'épouvante ; car Dieu a dispersé les os de celui qui campait contre toi ; tu les as confondus, car Dieu les a rejetés.
7 Oh ! puisse venir de Sion la délivrance d'Israël ! Quand Dieu ramènera les captifs de son peuple, Jacob se réjouira, Israël sera dans l'allégresse.

Psaume 54

1 *Au maître de chant. Avec instruments à cordes. Cantique de David.*
2 *Lorsque les Ziphéens vinrent dire à Saül : David est caché parmi nous.*
3 Ô Dieu, sauve-moi par ton nom, et rends-moi justice par ta puissance.
4 Ô Dieu, écoute ma prière, prête l'oreille aux paroles de ma bouche.
5 Car des étrangers se sont levés contre moi, des hommes violents en veulent à ma vie ; ils ne mettent pas Dieu devant leurs yeux. — *Séla.*
6 Voici que Dieu est mon secours, le Seigneur est le soutien de mon âme.
7 Il fera retomber le mal sur mes adversaires ; dans ta vérité, anéantis-les !
8 De tout cœur je t'offrirai des sacrifices ; je louerai ton nom, Yahweh, car il est bon ;
9 il me délivre de toute angoisse, et mes yeux s'arrêtent avec joie sur mes ennemis.

Psaume 55

1 Au maître de chant, avec instruments à cordes. Cantique de David.
2 Ô Dieu, prête l'oreille à ma prière, ne te dérobe pas à mes supplications.
3 Écoute-moi et réponds-moi ! J'erre çà et là, plaintif et gémissant,
4 devant les menaces de l'ennemi, devant l'oppression du méchant !
Car ils font tomber sur moi le malheur, et ils me poursuivent avec colère.
5 Mon cœur tremble au dedans de moi, et sur moi fondent les terreurs de la mort.
6 La crainte et l'épouvante m'assaillent, et le frisson m'enveloppe.
7 Et je dis : Oh ! si j'avais les ailes de la colombe, je m'envolerais et m'établirais en repos ;
8 voici que je fuirais bien loin, et je demeurerais au désert ; — *Séla.*
9 je me hâterais de chercher un asile, loin du vent impétueux, loin de l'ouragan.
10 Réduis-les à néant, Seigneur, divise leurs langues ! Car je vois dans la ville la violence et la discorde.
11 Jour et nuit ils font le tour de ses remparts ; l'iniquité et la vexation sont au milieu d'elle,
12 la perversité est dans son sein, l'oppression et l'astuce ne quittent point ses places.
13 Car ce n'est pas un ennemi qui m'outrage : je le supporterais ; ce n'est pas un adversaire qui s'élève contre moi : je me cacherais devant lui.
14 Mais toi, tu étais un autre moi-même, mon confident et mon ami.
15 Nous vivions ensemble dans une douce intimité, nous allions avec la foule à la maison de Dieu.
16 Que la mort les surprenne, qu'ils descendent vivants au

schéol ! Car la méchanceté est dans leur demeure, au milieu d'eux.
17 Pour moi, je crie vers Dieu, et Yahweh me sauvera.
18 Le soir, le matin, au milieu du jour, je me plains, je gémis, et il entendra ma voix.
19 Il délivrera en paix mon âme du combat qui m'est livré, car ils sont nombreux ceux qui me font la guerre.
20 Dieu entendra, et il les humiliera, lui qui siège éternellement sur son trône. — *Séla.*
Car il n'y a point en eux de changement, et ils n'ont pas la crainte de Dieu.
21 il porte la main sur ceux qui étaient en paix avec lui, il viole son alliance.
22 De sa bouche sortent des paroles douces comme le lait, et la guerre est dans son cœur. Ses discours sont plus onctueux que l'huile, mais ce sont des épées nues.
23 Remets ton sort à Yahweh, et il te soutiendra ; il ne laissera pas à jamais chanceler le juste.
24 Et toi, ô Dieu, tu les feras descendre dans la fosse de perdition ; les hommes de sang et de ruse ne verront pas la moitié de leurs jours. Pour moi, je mets en toi ma confiance.

Psaume 56

1 *Au maître de chant. Sur la Colombe muette des pays lointains. Hymne de David. Lorsque les Philistins le saisirent à Geth.*
2 Aie pitié de moi, ô Dieu, car l'homme s'acharne après moi ; tout le jour on me fait la guerre, on me persécute.
3 Tout le jour mes adversaires me harcèlent ; car ils sont nombreux ceux qui me combattent le front levé.
4 Quand je suis dans la crainte, je me confie en toi.
5 Par le secours de Dieu, je célébrerai l'accomplissement de sa parole. Je me confie en Dieu, je ne crains rien : que peut me faire un faible mortel ?

6 Sans cesse ils enveniment mes paroles, toutes leurs pensées sont contre moi pour me perdre.
7 Ils complotent, ils apostent des espions, ils observent mes traces, parce qu'ils en veulent à ma vie.
8 Chargés de tant de crimes, échapperont-ils ? Dans ta colère, ô Dieu, abats les peuples !
9 Tu as compté les pas de ma vie errante, tu as recueilli mes larmes dans ton outre : ne sont-elles pas inscrites dans ton livre ?
10 Alors mes ennemis retourneront en arrière, au jour où je t'invoquerai ; je le sais, Dieu est pour moi.
11 Par le secours de Dieu, je célébrerai l'accomplissement de sa parole ; par le secours de Yahweh, je célébrerai l'accomplissement de sa promesse.
12 Je me confie en Dieu, je ne crains rien : Que peut me faire un faible mortel ?
13 Les vœux que je t'ai faits, ô Dieu, j'ai à les acquitter ; je t'offrirai des sacrifices d'actions de grâces.
14 Car tu as délivré mon âme de la mort, — n'as-tu pas préservé mes pieds de la chute ? — afin que je marche devant Dieu à la lumière des vivants.

Psaume 57

1 *Au maître de chant. "Ne détruis pas."*
Hymne de David, lorsque, poursuivi par Saül, il se réfugia dans la caverne.
2 Aie pitié de moi, ô Dieu, aie pitié de moi, car en toi mon âme cherche un refuge ; je m'abriterai à l'ombre de tes ailes, jusqu'à ce que la calamité soit passée.
3 Je crie vers le Dieu Très-Haut, le Dieu qui fait tout pour moi.
4 Il m'enverra du ciel le salut : — mon persécuteur m'accable d'outrages ! — *Séla.*
Dieu enverra sa bonté et sa vérité.

5 Je couche au milieu des lions, des hommes qui vomissent la flamme, qui ont pour dents la lance et les flèches, et dont la langue est un glaive tranchant.
6 Élève-toi au-dessus des cieux, ô Dieu, que ta gloire brille par toute la terre !
7 Ils avaient tendu un piège devant mes pas, déjà mon âme se courbait ; ils avaient creusé une fosse devant moi : ils y sont tombés ! — *Séla.*
8 Mon cœur est affermi, ô Dieu, mon cœur est affermi ; je chanterai et ferai retentir de joyeux instruments.
9 Éveille-toi, ma gloire ! Éveillez-vous, ma lyre et ma harpe ! Que j'éveille l'aurore !
10 Je te louerai parmi les peuples, Seigneur, je te chanterai parmi les nations.
11 Car ta fidélité atteint jusqu'aux cieux, et ta vérité jusqu'aux nues.
12 Élève-toi au-dessus des cieux, ô Dieu, que ta gloire brille sur toute la terre !

Psaume 58

1 *Au maître de chant. Ne détruis pas. Hymne de David.*
2 Est-ce donc en restant muets que vous rendez la justice ? Est-ce selon le droit que vous jugez, fils des hommes ?
3 Non : au fond du cœur vous tramez vos desseins iniques, dans le pays vous vendez au poids la violence de vos mains.
4 Les méchants sont pervertis dès le sein maternel, dès leur naissance, les fourbes se sont égarés.
5 Leur venin est semblable au venin du serpent, de la vipère sourde qui ferme ses oreilles,
6 et n'entend pas la voix de l'enchanteur, du charmeur habile dans son art.
7 Ô Dieu, brise leurs dents dans leur bouche ; Yahweh, arrache les mâchoires des lionceaux !

8 Qu'ils se dissipent comme le torrent qui s'écoule !
S'ils ajustent des flèches, qu'elles s'émoussent !
9 Qu'ils soient comme la limace qui va en se fondant !
Comme l'avorton d'une femme, qu'ils ne voient point le soleil !
10 Avant que vos chaudières sentent l'épine, verte ou enflammée, l'ouragan l'emportera.
11 Le juste sera dans la joie, à la vue de la vengeance, il baignera ses pieds dans le sang des méchants.
12 Et l'on dira : « Oui, il y a une récompense pour le juste ; oui, il y a un Dieu qui juge sur la terre ! »

Psaume 59

1 *Au maître de chant. Ne détruis pas ! Hymne de David. Lorsque Saül envoya garder sa maison pour le mettre à mort.*
2 Délivre-moi de mes ennemis, ô mon Dieu, protège-moi contre mes adversaires.
3 Délivre-moi de ceux qui commettent l'iniquité, et sauve-moi des hommes de sang.
4 Car voici qu'ils sont aux aguets pour m'ôter la vie ; des hommes violents complotent contre moi ; sans que je sois coupable, sans que j'aie péché, Yahweh,
5 malgré mon innocence ils accourent et s'embusquent.
Éveille-toi, viens au-devant de moi et regarde.
6 Toi, Yahweh, Dieu des armées, Dieu d'Israël, lève-toi pour châtier toutes les nations, sois sans pitié pour ces traîtres et ces malfaiteurs ! — *Séla.*
7 Ils reviennent le soir, ils grondent comme le chien, ils font le tour de la ville.
8 Voici que leur bouche vomit l'injure, il y a des glaives sur leurs lèvres : « Qui est-ce qui entend ? » disent-ils.
9 Et toi, Yahweh, tu te ris d'eux, tu te moques de toutes les nations !

10 Ma force, c'est vers toi que je regarderai, car Dieu est ma forteresse.
11 Le Dieu qui m'est propice viendra au-devant de moi ; Dieu me fera contempler mes ennemis.
12 Ne les tue pas, de peur que mon peuple n'oublie ; fais-les errer par ta puissance et renverse-les, ô Seigneur, notre bouclier.
13 Leur bouche pèche à chaque parole de leurs lèvres ; qu'ils soient pris dans leur propre orgueil, à cause des malédictions et des mensonges qu'ils profèrent !
14 Détruis-les dans ta fureur, détruis-les, et qu'ils ne soient plus ; qu'ils sachent que Dieu règne sur Jacob, jusqu'aux extrémités de la terre ! — *Séla.*
15 Ils reviennent le soir ; ils grondent comme le chien, ils font le tour de la ville.
16 Ils errent çà et là, cherchant leur proie, et ils grognent s'ils ne sont pas rassasiés.
17 Et moi, je chanterai ta force, et le matin je célébrerai ta bonté ; car tu es ma forteresse, un refuge au jour de mon angoisse.
18 Ô ma force, je chanterai en ton honneur, car Dieu est ma forteresse, le Dieu qui m'est propice.

Psaume 60

1 *Au maître de chant. Sur le Lys du témoignage. Hymne de David, à enseigner.*
2 *Lorsqu'il fit la guerre aux Syriens de Mésopotamie et aux Syriens de Soba, et que Joab revint et battit Edom dans la vallée du Sel, lui tuant douze mille hommes.*
3 O Dieu, tu nous as rejetés, tu nous as dispersés : tu étais irrité : rends-nous ta faveur !
4 Tu as ébranlé le pays, tu l'as déchiré : répare ses brèches, car il chancelle !
5 Tu as fait voir à ton peuple de rudes épreuves, tu nous as

fait boire un vin de vertige.
6 Mais tu as donné à ceux qui te craignent une bannière, afin qu'elle s'élève à cause de ta vérité. — *Séla.*
7 Afin que tes bien-aimés soient délivrés, sauve par ta droite, et exauce-moi.
8 Dieu a parlé dans sa sainteté : « Je tressaillirai de joie. J'aurai Sichem en partage, et je mesurerai la vallée de Succoth.
9 Galaad est à moi, à moi Manassé ! Ephraïm est l'armure de ma tête, et Juda mon sceptre.
10 Moab est le bassin où je me lave ; sur Edom je jette ma sandale ; terre des Philistins, pousse des acclamations en mon honneur ! »
11 Qui me mènera à la ville forte ? Qui me conduira à Edom ?
12 N'est-ce pas toi, ô Dieu, qui nous avais rejetés, ô Dieu, qui ne sortais plus avec nos armées ?
13 Prête-nous ton secours contre l'oppresseur ! Le secours de l'homme n'est que vanité.
14 Avec Dieu nous accomplirons des exploits ; il écrasera nos ennemis.

Psaume 61

1 *Au maître de chant. Sur les instruments à cordes. De David.*
2 Ô Dieu, entends mes cris, sois attentif à ma prière.
3 De l'extrémité de la terre je crie vers toi, dans l'angoisse de mon cœur ; conduis-moi sur le rocher que je ne puis atteindre.
4 Car tu es pour moi un refuge, une tour puissante contre l'ennemi.
5 Je voudrais demeurer à jamais dans ta tente, me réfugier à l'abri de tes ailes ! — *Séla.*
6 Car toi, ô Dieu, tu exauces mes vœux, tu m'as donné l'héritage de ceux qui révèrent ton nom.
7 Ajoute des jours aux jours du roi, que ses années se prolon-

gent d'âge en âge !
8 Qu'il demeure sur le trône éternellement devant Dieu ! Ordonne à ta bonté et à ta vérité de le garder !
9 Alors je célébrerai ton nom à jamais, et j'accomplirai mes vœux chaque jour.

Psaume 62

1 *Au maître de chant... Idithun. Psaume de David.*
2 Oui, à Dieu mon âme en paix s'abandonne, de lui vient mon secours.
3 Oui, il est mon rocher et mon salut ; il est ma forteresse : je ne serai pas tout à fait ébranlé.
4 Jusques à quand vous jetterez-vous sur un homme, pour l'abattre tous ensemble, comme une clôture qui penche, comme une muraille qui s'écroule ?
5 Oui, ils complotent pour le précipiter de sa hauteur ; ils se plaisent au mensonge ; ils bénissent de leur bouche, et ils maudissent dans leur cœur. — *Séla.*
6 Oui, ô mon âme, à Dieu abandonne-toi en paix, car de lui vient mon espérance.
7 Oui, il est mon rocher et mon salut ; il est ma forteresse : je ne chancellerai point.
8 Sur Dieu reposent mon salut et ma gloire ; le rocher de ma force, mon refuge, est en Dieu.
9 En tout temps, ô peuple, confie-toi en lui ; épanchez devant lui vos cœurs : Dieu est notre refuge. — *Séla.*
10 Oui les mortels sont vanité, les fils de l'homme sont mensonge ; dans la balance ils monteraient, tous ensemble plus légers qu'un souffle.
11 Ne vous confiez pas dans la violence, et ne mettez pas un vain espoir dans la rapine ; Si vos richesses s'accroissent, n'y attachez pas votre cœur.
12 Dieu a dit une parole, ou deux, que j'ai entendues : « La

puissance est à Dieu ;
13 à toi aussi, Seigneur, la bonté. » Car tu rends à chacun selon ses œuvres.

Psaume 63

1 *Psaume de David. Lorsqu'il était dans le désert de Juda.*
2 Ô Dieu, tu es mon Dieu, je te cherche dès l'aurore ; mon âme a soif de toi, ma chair languit après toi, dans une terre aride, desséchée et sans eau.
3 C'est ainsi que je te contemplais dans le sanctuaire, pour voir ta puissance et ta gloire.
4 Car ta grâce est meilleure que la vie : que mes lèvres célèbrent tes louanges !
5 Ainsi te bénirai-je toute ma vie, en ton nom j'élèverai mes mains.
6 Mon âme est rassasiée, comme de moelle et de graisse, et, la joie sur les lèvres, ma bouche te loue.
7 Quand je pense à toi sur ma couche, je médite sur toi pendant les veilles de la nuit.
8 Car tu es mon secours, et je suis dans l'allégresse à l'ombre de tes ailes.
9 Mon âme est attachée à toi, ta droite me soutient.
10 Mais eux, cherchent à m'ôter la vie : ils iront dans les profondeurs de la terre.
11 On les livrera au glaive, ils seront la proie des chacals.
12 Et le roi se réjouira en Dieu ; quiconque jure par lui se glorifiera, car la bouche des menteurs sera fermée.

Psaume 64

1 *Au maître de Chant. Psaume de David.*
2 Ô Dieu, écoute ma voix, quand je fais entendre mes

plaintes ; défends ma vie contre un ennemi qui m'épouvante ;
3 protège-moi contre les complots des malfaiteurs, contre la troupe soulevée des hommes iniques,
4 qui aiguisent leurs langues comme un glaive, qui préparent leurs flèches — leur parole amère ! —
5 pour les décocher dans l'ombre contre l'innocent ; ils les décochent contre lui à l'improviste, sans rien craindre.
6 Ils s'affermissent dans leurs desseins pervers, ils se concertent pour tendre leurs pièges ; ils disent : « Qui les verra ? »
7 Ils ne méditent que forfaits : « Nous sommes prêts, disent-ils, notre plan est bien dressé. »
L'intérieur de l'homme et son cœur sont un abîme !
8 Mais Dieu a lancé sur eux ses traits : soudain les voilà blessés !
9 On les jette par terre ; les traits de leur langue retombent sur eux ! Tous ceux qui les voient branlent la tête !
10 Tous les hommes sont saisis de crainte, ils publient l'œuvre de Dieu, ils comprennent ce qu'il a fait.
11 Le juste se réjouit en Yahweh et se confie en lui, tous ceux qui ont le cœur droit se glorifient.

Psaume 65

1 *Au maître de chant. Psaume de David. Cantique.*
2 À toi est due la louange, ô Dieu, dans Sion ; c'est en ton honneur qu'on accomplit les vœux.
3 Ô toi, qui écoutes la prière, tous les hommes viennent à toi.
4 Un amas d'iniquités pesait sur moi : tu pardonnes nos transgressions.
5 Heureux celui que tu choisis et que tu rapproches de toi, pour qu'il habite dans tes parvis ! Puissions-nous être rassasiés des biens de ta maison, de ton saint temple !
6 Par des prodiges, tu nous exauces dans ta justice, Dieu de

notre salut, espoir des extrémités de la terre, et des mers lointaines.

7 — Il affermit les montagnes par sa force, il est ceint de sa puissance ;
8 il apaise la fureur des mers, la fureur de leurs flots, et le tumulte des peuples. —
9 Les habitants des pays lointains craignent devant tes prodiges, tu réjouis les extrémités, l'Orient et l'Occident.
10 Tu as visité la terre pour lui donner l'abondance, tu la combles de richesses ; la source divine est remplie d'eau : tu prépares le blé, quand tu la fertilises ainsi.
11 Arrosant ses sillons, aplanissant ses mottes, tu l'amollis par des ondées, tu bénis ses germes.
12 Tu couronnes l'année de tes bienfaits, sur tes pas ruisselle la graisse.
13 Les pâturages du désert sont abreuvés, et les collines se revêtent d'allégresse.
14 Les prairies se couvrent de troupeaux, et les vallées se parent d'épis ; tout se réjouit et chante.

Psaume 66

1 *Au maître de chant. Cantique. Psaume.*
Pousse vers Dieu des cris de joie, terre entière !
2 Chantez la gloire de son nom, célébrez magnifiquement ses louanges !
3 Dites à Dieu : « Que tes œuvres sont redoutables ! A cause de ta toute-puissance, tes ennemis te flattent.
4 Que toute la terre se prosterne devant toi, qu'elle chante en ton honneur, qu'elle chante ton nom ! » — *Séla.*
5 Venez et contemplez les œuvres de Dieu ! Il est redoutable dans ses desseins sur les fils de l'homme.
6 Il a changé la mer en une terre sèche, on a passé le fleuve à pied ; alors nous nous réjouîmes en lui.

7. Il règne éternellement par sa puissance ; ses yeux observent les nations : que les rebelles ne s'élèvent point ! — *Séla.*
8. Peuples, bénissez notre Dieu, faites retentir sa louange !
9. Il a conservé la vie à notre âme, et n'a pas permis que notre pied chancelât.
10. Car tu nous as éprouvés, ô Dieu, tu nous as fait passer au creuset, comme l'argent.
11. Tu nous as conduits dans le filet, tu as mis sur nos reins un fardeau.
12. Tu as fait marcher des hommes sur nos têtes ; nous avons passé par le feu et par l'eau ; mais tu nous en as tirés pour nous combler de biens.
13. Je viens dans ta maison avec des holocaustes, pour m'acquitter envers toi de mes vœux,
14. que mes lèvres ont proférés, que ma bouche a prononcés au jour de ma détresse.
15. Je t'offre des brebis grasses en holocauste, avec la fumée des béliers ; j'immole le taureau avec le jeune bouc. — *Séla.*
16. Venez, écoutez, et je vous raconterai, à vous tous qui craignez Dieu, ce qu'il a fait à mon âme.
17. J'ai crié vers lui de ma bouche, et sa louange était sur ma langue.
18. Si j'avais vu l'iniquité dans mon cœur, le Seigneur ne m'exaucerait pas.
19. Mais Dieu m'a exaucé, il a été attentif à la voix de ma prière.
20. Béni soit Dieu, qui n'a pas repoussé ma prière, et n'a pas éloigné de moi sa grâce !

Psaume 67

1. *Au maître de chant. Avec instruments à cordes. Psaume. Cantique.*
2. Que Dieu nous soit favorable et qu'il nous bénisse ! qu'il fasse luire sur nous sa face, — *Séla.*
3. afin que l'on connaisse sur la terre ta voie, et parmi toutes

les nations ton salut !
4 Que les peuples te louent, ô Dieu, que les peuples te louent tous !
5 Que les nations se réjouissent, qu'elles soient dans l'allégresse ! car tu juges les peuples avec droiture, et tu conduis les nations sur la terre. — *Séla.*
6 Que les peuples te louent, ô Dieu, que les peuples te louent tous !
7 La terre a donné ses produits ; que Dieu, notre Dieu, nous bénisse !
8 Que Dieu nous bénisse, et que toutes les extrémités de la terre le révèrent !

Psaume 68

1 *Au maître de chant. Psaume de David. Cantique.*
2 Que Dieu se lève, et que ses ennemis soient dispersés, et que ceux qui le haïssent fuient devant sa face !
3 Comme se dissipe la fumée, dissipe-les ; comme la cire se fond au feu, que les méchants disparaissent devant Dieu !
4 Mais que les justes se réjouissent et tressaillent devant Dieu ; qu'ils soient transportés d'allégresse !
5 Chantez à Dieu, célébrez son nom ! Frayez le chemin à celui qui s'avance à travers les plaines ! Yahweh est son nom ; tressaillez devant lui !
6 Il est père des orphelins et juge des veuves, Dieu dans sa sainte demeure.
7 Aux abandonnés, Dieu donne une maison ; il délivre les captifs et les rend au bonheur ; seuls les rebelles restent au désert brûlant.
8 Ô Dieu, quand tu sortais à la tête de ton peuple, quand tu t'avançais dans le désert, — *Séla.*
9 la terre fut ébranlée, les cieux eux-mêmes se fondirent devant Dieu ; le Sinaï trembla devant Dieu, le Dieu d'Israël.

10 Tu fis tomber, ô Dieu, une pluie de bienfaits ; ton héritage était épuisé, tu le réconfortas.
11 Envoyés par toi, des animaux vinrent s'y abattre ; dans ta bonté, ô Dieu, tu prépares leur aliment aux malheureux.
12 Le Seigneur a fait entendre sa parole ; les femmes qui annoncent la victoire sont une troupe nombreuse.
13 « Les rois des armées fuient, fuient, et celle qui habite la maison partage le butin. »
14 Quand vous étiez couchés au milieu des bercails, les ailes de la colombe étaient recouvertes d'argent, et ses plumes brillaient de l'éclat de l'or.
15 Lorsque le Tout-Puissant dispersait les rois dans le pays, la neige tombait sur le Selmon.
16 Montagne de Dieu, montagne de Basan, montagne aux cimes élevées, montagne de Basan,
17 pourquoi regardez-vous avec envie, montagnes aux cimes élevées, la montagne que Dieu a voulue pour séjour ? Oui, Yahweh y habitera à jamais !
18 Le char de Dieu, ce sont des milliers et des milliers ; le Seigneur vient du Sinaï dans son sanctuaire.
19 Tu montes sur la hauteur emmenant la foule des captifs ; tu reçois les présents des hommes, Même les rebelles habiteront près de Yahweh Dieu !
20 Béni soit le Seigneur ! Chaque jour il porte notre fardeau ; il est le Dieu qui nous sauve. — *Séla.*
21 Dieu est pour nous le Dieu des délivrances ; Yahweh, le Seigneur, peut retirer de la mort.
22 Oui, Dieu brisera la tête de ses ennemis, le front chevelu de celui qui marche dans l'iniquité.
23 Le Seigneur a dit : « Je les ramènerai de Basan, je les ramènerai du fond de la mer,
24 afin que tu plonges ton pied dans le sang, et que la langue de tes chiens ait sa part des ennemis. »
25 On voit tes marches, ô Dieu, les marches de mon Dieu, de mon roi, au sanctuaire.
26 En avant sont les chanteurs, puis les musiciens, au milieu,

des jeunes filles battant du tambourin.
27 « Bénissez Dieu dans les assemblées, le Seigneur, vous qui êtes de la source d'Israël. »
28 Voici Benjamin, le plus petit, qui domine sur eux ; voici les princes de Juda avec leur troupe, les princes de Zabulon, les princes de Nephthali.
29 Commande, ô Dieu, à ta puissance, affermis, ô Dieu, ce que tu as fait pour nous.
30 À ton sanctuaire, qui s'élève au-dessus de Jérusalem, les rois t'offriront des présents.
31 Menace la bête des roseaux, la troupe des taureaux avec les veaux des peuples, afin qu'ils se prosternent avec des pièces d'argent. Disperse les nations qui se plaisent aux combats !
32 Que les grands viennent de l'Egypte, que l'Ethiopie s'empresse de tendre les mains vers Dieu.
33 Royaumes de la terre, chantez à Dieu, célébrez le Seigneur ! — *Séla.*
34 Chantez à celui qui est porté sur les cieux, les cieux antiques. Voici qu'il fait entendre sa voix, voix puissante !...
35 Reconnaissez la puissance de Dieu ! Sa majesté est sur Israël, et sa puissance est dans les nuées.
36 De ton sanctuaire, ô Dieu, tu es redoutable ! Le Dieu d'Israël donne à son peuple force et puissance. Béni soit Dieu !

Psaume 69

1 *Au maître de chant. Sur les lys. De David.*
2 Sauve-moi, ô Dieu, car les eaux montent jusqu'à mon âme.
3 Je suis enfoncé dans une fange profonde, et il n'y a pas où poser le pied. Je suis tombé dans un gouffre d'eau, et les flots me submergent.
4 Je m'épuise à crier ; mon gosier est en feu ; mes yeux se consument dans l'attente de mon Dieu.

5 Ils sont plus nombreux que les cheveux de ma tête, ceux qui me haïssent sans cause ; ils sont puissants ceux qui veulent me perdre, qui sont sans raison mes ennemis. Ce que je n'ai pas dérobé, il faut que je le rende.
6 Ô Dieu, tu connais ma folie, et mes fautes ne te sont pas cachées.
7 Que ceux qui espèrent en toi n'aient pas à rougir à cause de moi, Seigneur, Yahweh des armées ! Que ceux qui te cherchent ne soient pas confondus à mon sujet, Dieu d'Israël !
8 Car c'est pour toi que je porte l'opprobre, que la honte couvre mon visage.
9 Je suis devenu un étranger pour mes frères, un inconnu pour les fils de ma mère.
10 Car le zèle de ta maison me dévore, et les outrages de ceux qui t'insultent retombent sur moi.
11 Je verse des larmes et je jeûne : on m'en fait un sujet d'opprobre.
12 Je prends un sac pour vêtement, et je suis l'objet de leurs sarcasmes.
13 Ceux qui sont assis à la porte parlent de moi, et les buveurs de liqueurs fortes font sur moi des chansons.
14 Et moi, je t'adresse ma prière, Yahweh ; dans le temps favorable, ô Dieu, selon ta grande bonté, exauce-moi, selon la vérité de ton salut.
15 Retire-moi de la boue, et que je n'y reste plus enfoncé ; que je sois délivré de mes ennemis et des eaux profondes !
16 Que les flots ne me submergent plus, que l'abîme ne m'engloutisse pas, que la fosse ne se ferme pas sur moi !
17 Exauce-moi, Yahweh, car ta bonté est compatissante ; dans ta grande miséricorde tourne-toi vers moi,
18 Et ne cache pas ta face à ton serviteur ; je suis dans l'angoisse, hâte-toi de m'exaucer.
19 Approche-toi de mon âme, délivre-la ; sauve-moi à cause de mes ennemis.
20 Tu connais mon opprobre, ma honte, mon ignominie ; tous mes persécuteurs sont devant toi.

21 L'opprobre a brisé mon cœur et je suis malade ; j'attends de la pitié, mais en vain ; des consolateurs, et je n'en trouve aucun.
22 Pour nourriture ils me donnent l'herbe amère ; dans ma soif, ils m'abreuvent de vinaigre.
23 Que leur table soit pour eux un piège, un filet au sein de leur sécurité !
24 Que leurs yeux s'obscurcissent pour ne plus voir ; fais chanceler leurs reins pour toujours.
25 Déverse sur eux ta colère, et que le feu de ton courroux les atteigne !
26 Que leur demeure soit dévastée, qu'il n'y ait plus d'habitants dans leurs tentes !
27 Car ils persécutent celui que tu frappes, ils racontent les souffrances de celui que tu blesses.
28 Ajoute l'iniquité à leur iniquité, et qu'ils n'aient point part à ta justice.
29 Qu'ils soient effacés du livre de vie et qu'ils ne soient point inscrits avec les justes.
30 Moi, je suis malheureux et souffrant ; que ton secours, ô Dieu, me relève !
31 Je célébrerai le nom de Dieu par des cantiques, je l'exalterai par des actions de grâces ;
32 Et Yahweh les aura pour plus agréables qu'un taureau, qu'un jeune taureau avec cornes et sabots.
33 Les malheureux, en le voyant, se réjouiront, et vous qui cherchez Dieu, votre cœur revivra.
34 Car Yahweh écoute les pauvres, et il ne méprise point ses captifs.
35 Que les cieux et la terre le célèbrent, les mers et tout ce qui s'y meut !
36 Car Dieu sauvera Sion et bâtira les villes de Juda, on s'y établira et l'on en prendra possession ;
37 La race de ses serviteurs l'aura en héritage, et ceux qui aiment son nom y auront leur demeure.

Psaume 70

1 *Au maître de chant. De David. Pour faire souvenir.*
2 Ô Dieu, hâte-toi de me délivrer !
Seigneur, hâte-toi de me secourir !
3 Qu'ils soient honteux et confus, ceux qui cherchent mon âme !
Qu'ils reculent et rougissent ceux qui désirent ma perte !
4 Qu'ils retournent en arrière à cause de leur honte, ceux qui disent : « Ah ! ah ! »
5 Qu'ils soient dans l'allégresse et se réjouissent en toi tous ceux qui te cherchent ! Qu'ils disent sans cesse : « Gloire à Dieu », ceux qui aiment ton salut !
6 Moi, je suis pauvre et indigent : ô Dieu, hâte-toi vers moi !
Tu es mon aide et mon libérateur : Yahweh, ne tarde pas !

Psaume 71

1 Yahweh, en toi j'ai placé mon refuge ; que jamais je ne sois confondu !
2 Dans ta justice, délivre-moi et sauve-moi ! Incline vers moi ton oreille et secours-moi !
3 Sois pour moi un rocher inaccessible, où je puisse toujours me retirer. Tu as commandé de me sauver, car tu es mon rocher et ma forteresse.
4 Mon Dieu, délivre-moi de la main du méchant, de la main de l'homme inique et cruel.
5 Car tu es mon espérance, Seigneur Yahweh, l'objet de ma confiance depuis ma jeunesse.
6 C'est sur toi que je m'appuie depuis ma naissance, toi qui m'as fait sortir du sein maternel : tu es ma louange à jamais !
7 Je suis pour la foule comme un prodige, mais toi, tu es mon puissant refuge.
8 Que ma bouche soit pleine de ta louange, que chaque jour

elle exalte ta magnificence !

9 Ne me rejette pas aux jours de ma vieillesse ; au déclin de mes forces ne m'abandonne pas.
10 Car mes ennemis conspirent contre moi, et ceux qui épient mon âme se concertent entre eux,
11 disant : « Dieu l'a abandonné ! Poursuivez-le ; saisissez-le ; il n'y a personne pour le défendre ! »
12 Ô Dieu, ne t'éloigne pas de moi ; mon Dieu, hâte-toi de me secourir !
13 Qu'ils soient confus, qu'ils périssent, ceux qui en veulent à ma vie ! Qu'ils soient couverts de honte et d'opprobre, ceux qui cherchent ma perte !
14 Pour moi, j'espérerai toujours ; à toutes tes louanges, j'en ajouterai de nouvelles.
15 Ma bouche publiera ta justice, tout le jour tes faveurs ; car je n'en connais pas le nombre.
16 Je dirai tes œuvres puissantes, Seigneur Yahweh ; je rappellerai ta justice, la tienne seule.
17 Ô Dieu, tu m'as instruit dès ma jeunesse, et jusqu'à ce jour je proclame tes merveilles.
18 Encore jusqu'à la vieillesse et aux cheveux blancs, ô Dieu, ne m'abandonne pas, afin que je fasse connaître ta force à la génération présente, ta puissance à la génération future.
19 Ta justice, ô Dieu, atteint jusqu'au ciel, toi qui accomplis de grandes choses, — ô Dieu, qui est semblable à toi ? —
20 toi qui nous a causé des épreuves nombreuses et terribles. Mais tu nous rendras la vie, et des abîmes de la terre tu nous feras remonter.
21 Tu relèveras ma grandeur et de nouveau tu me consoleras.
22 Et je louerai au son du luth, je chanterai ta fidélité, ô mon Dieu, je te célébrerai avec la harpe, Saint d'Israël.
23 L'allégresse sera sur mes lèvres, quand je te chanterai, et dans mon âme, que tu as délivrée.
24 Et ma langue chaque jour publiera ta justice, car ils seront confus et ils rougiront, ceux qui cherchent ma perte.

Psaume 72

1 *De Salomon.*
Ô Dieu, donne tes jugements au roi, et ta justice au fils du roi.

2 Qu'il dirige ton peuple avec justice, et tes malheureux avec équité !

3 Que les montagnes produisent la paix au peuple, ainsi que les collines, par la justice.

4 Qu'il fasse droit aux malheureux de son peuple, qu'il assiste les enfants du pauvre, et qu'il écrase l'oppresseur !

5 Qu'on te révère, tant que subsistera le soleil, tant que brillera la lune, d'âge en âge !

6 Qu'il descende comme la pluie sur le gazon, comme les ondées qui arrosent la terre !

7 Qu'en ses jours le juste fleurisse, avec l'abondance de la paix, jusqu'à ce qu'il n'y ait plus de lune !

8 Il dominera d'une mer à l'autre, du Fleuve aux extrémités de la terre.

9 Devant lui se prosterneront les habitants du désert, et ses ennemis mordront la poussière.

10 Les rois de Tharsis et des îles paieront des tributs ; les rois de Saba et de Méroé offriront des présents.

11 Tous les rois se prosterneront devant lui ; toutes les nations le serviront.

12 Car il délivrera le pauvre qui crie vers lui, et le malheureux dépourvu de tout secours.

13 Il aura pitié du misérable et de l'indigent, et il sauvera la vie du pauvre.

14 Il les affranchira de l'oppression et de la violence, et leur sang aura du prix à ses yeux.

15 Ils vivront, et lui donneront de l'or de Saba ; ils feront sans cesse des vœux pour lui, ils le béniront chaque jour.

16 Que les blés abondent dans le pays, jusqu'au sommet des montagnes ! Que leurs épis s'agitent comme les arbres du

Liban ! Que les hommes fleurissent dans la ville comme l'herbe des champs !

17 Que son nom dure à jamais ! Tant que brillera le soleil, que son nom se propage ! Qu'on cherche en lui la bénédiction ! Que toutes les nations le proclament heureux !

18 Béni soit Yahweh Dieu, le Dieu d'Israël, qui seul fait des prodiges !

19 Béni soit à jamais son nom glorieux ! Que toute la terre soit remplie de sa gloire ! Amen ! Amen !

20 *Fin des prières de David, fils d'Isaï.*

Psaume 73

1 *Psaume d'Asaph.*
Oui, Dieu est bon pour Israël, pour ceux qui ont le cœur pur !

2 Toutefois j'étais sur le point de fléchir, mon pied a presque glissé.

3 Car je m'indignais contre les impies, en voyant le bonheur des méchants.

4 Pour eux, point de douleurs jusqu'à la mort ; leur corps est plein de vigueur.

5 Ils n'ont point de part au labeur des mortels, ils ne sont point frappés avec le reste des hommes.

6 Aussi l'orgueil est la parure de leur cou, et la violence, la robe précieuse qui les couvre.

7 L'iniquité sort de leurs entrailles, les pensées de leur cœur se font jour.

8 Ils raillent, ils parlent iniquité et violence, ils profèrent des discours hautains.

9 Ils dirigent leur bouche contre le ciel même, et leur langue s'exerce sur la terre.

10 C'est pourquoi mon peuple se tourne de leur côté, il avale l'eau à grands traits.

11 Ils disent : « Comment Dieu saurait-il ? Comment le Très-Haut connaîtrait-il ? »
12 Tels sont les méchants : toujours heureux, ils accroissent leurs richesses.
13 C'est donc en vain que j'ai gardé mon cœur pur, que j'ai lavé mes mains dans l'innocence ;
14 tout le jour je suis frappé, chaque matin mon châtiment est là.
15 Si j'avais dit : « Je veux parler comme eux », j'aurai trahi la race de tes enfants.
16 J'ai réfléchi pour comprendre ces choses, la difficulté a été grande à mes yeux,
17 jusqu'à ce que j'aie pénétré dans le sanctuaire de Dieu, et pris garde à leur sort final.
18 Oui, tu les places sur des voies glissantes ; tu les fais tomber, et ils ne sont plus que ruines.
19 Eh quoi ! En un instant les voilà détruits ! Ils sont anéantis, ils disparaissent dans des catastrophes !
20 Comme on fait d'un songe au réveil, Seigneur, à ton réveil, tu repousses leur image.
21 Lorsque mon cœur s'aigrissait, et que je me sentais profondément ému,
22 j'étais stupide et sans intelligence, j'étais comme une brute devant toi.
23 Mais je serai à jamais avec toi : tu m'as saisi la main droite,
24 par ton conseil tu me conduiras, et tu me recevras ensuite dans la gloire.
25 Quel autre que toi ai-je au ciel ? Avec toi, je ne désire rien sur la terre.
26 Ma chair et mon cœur se consument : le rocher de mon cœur et mon partage, c'est Dieu à jamais.
27 Voici que ceux qui s'éloignent de toi périssent ; tu extermines tous ceux qui te sont infidèles.
28 Pour moi, être uni à Dieu, c'est mon bonheur ; dans le Seigneur Yahweh je mets ma confiance, afin de raconter toutes tes œuvres.

Psaume 74

1 *Cantique d'Asaph.*
Pourquoi, ô Dieu, nous as-tu rejetés pour toujours ? Pourquoi ta colère est-elle allumée contre le troupeau de ton pâturage ?

2 Souviens-toi de ton peuple que tu as acquis aux jours anciens, que tu as racheté pour être la tribu de ton héritage !
Souviens-toi de ta montagne de Sion où tu faisais ta résidence,

3 porte tes pas vers ces ruines irréparables ; l'ennemi a tout ravagé dans le sanctuaire.

4 Tes adversaires ont rugi au milieu de tes saints parvis ; ils ont établi pour emblèmes leurs emblèmes.

5 On les a vus, pareils au bûcheron, qui lève la cognée dans une épaisse forêt.

6 Et maintenant, toutes les sculptures ensemble, ils les ont brisées à coups de hache et de marteau.

7 Ils ont livré au feu ton sanctuaire ; ils ont abattu et profané la demeure de ton nom.

8 Ils disaient dans leur cœur : « Détruisons-les tous ensemble ! » Ils ont brûlé dans le pays tous les lieux saints.

9 Nous ne voyons plus nos signes ; il n'y a plus de prophète, et personne parmi nous qui sache jusques à quand...

10 Jusques à quand, ô Dieu, l'oppresseur insultera-t-il, l'ennemi blasphémera-t-il sans cesse ton nom ?

11 Pourquoi retires-tu ta main et ta droite ? Tire-la de ton sein et détruis-les !

12 Pourtant Dieu est mon roi dès les temps anciens, lui qui a opéré tant de délivrances sur la terre.

13 C'est toi qui as divisé la mer par ta puissance, toi qui as brisé la tête des monstres dans les eaux.

14 C'est toi qui as écrasé les têtes de Léviathan, et l'as donné en pâture au peuple du désert.

15 C'est toi qui as fait jaillir la source et le torrent, toi qui as

mis à sec les fleuves qui ne tarissent pas.
16. À toi est le jour, à toi est la nuit ; c'est toi qui as créé la lune et le soleil.
17. C'est toi qui as fixé toutes les limites de la terre ; l'été et l'hiver, c'est toi qui les as établis.
18. Souviens-toi : l'ennemi insulte Yahweh, un peuple insensé blasphème ton nom !
19. Ne livre pas aux bêtes l'âme de ta tourterelle, n'oublie pas pour toujours la vie de tes pauvres.
20. Prends garde à ton alliance ! car tous les coins du pays sont pleins de repaires de violence.
21. Que l'opprimé ne s'en retourne pas confus, que le malheureux et le pauvre puissent bénir ton nom !
22. Lève-toi, ô Dieu, prends en main ta cause ; souviens-toi des outrages que t'adresse chaque jour l'insensé.
23. N'oublie pas les clameurs de tes adversaires, l'insolence toujours croissante de ceux qui te haïssent.

Psaume 75

1. *Au maître de chant. " Ne détruis pas ! " Psaume d'Asaph. Cantique.*
2. Nous te louons, ô Dieu, nous te louons ; ton nom est proche : on raconte tes merveilles.
3. « Quand le temps sera venu, je jugerai avec justice.
4. La terre est ébranlée avec tous ceux qui l'habitent ; moi, j'affermis ses colonnes. » — *Séla.*
5. Je dis aux orgueilleux : Ne vous enorgueillissez pas ! et aux méchants : Ne levez pas la tête !
6. Ne levez pas si haut la tête, ne parlez pas avec tant d'arrogance !
7. Car ce n'est ni de l'orient, ni de l'occident ; ni du désert des montagnes !...
8. Non ; c'est Dieu qui exerce le jugement : il abaisse l'un et il élève l'autre.

9 Car il y a dans la main de Yahweh une coupe, où bouillonne un vin plein d'aromates. Et il en verse : oui, ils en suceront la lie, ils boiront, tous les méchants de la terre.

10 Et moi, je publierai à jamais, je chanterai les louanges du Dieu de Jacob.

11 Et j'abattrai toutes les cornes des méchants ; et les cornes du juste seront élevées.

Psaume 76

1 *Au maître de chant. Avec instruments à cordes. Psaume d'Asaph, cantique.*

2 Dieu s'est fait connaître en Juda, en Israël son nom est grand.

3 Il a son tabernacle à Salem, et sa demeure en Sion.

4 C'est là qu'il a brisé les éclairs de l'arc, le bouclier, l'épée et la guerre. — *Séla.*

5 Tu resplendis dans ta majesté, sur les montagnes d'où tu fonds sur ta proie.

6 Ils ont été dépouillés, ces héros pleins de cœur ; ils se sont endormis de leur sommeil, ils n'ont pas su, tous ces vaillants, se servir de leurs bras.

7 À ta menace, Dieu de Jacob, char et coursier sont restés immobiles.

8 Tu es redoutable, toi ! Qui peut se tenir devant toi, quand ta colère éclate ?

9 Du haut du ciel tu as proclamé la sentence ; la terre a tremblé et s'est tue,

10 lorsque Dieu s'est levé pour faire justice, pour sauver tous les malheureux du pays. — *Séla.*

11 Ainsi la fureur de l'homme tourne à la gloire et les restes de la colère...

12 Faites des vœux et acquittez-les à Yahweh, votre Dieu ; que tous ceux qui l'environnent apportent des dons au Dieu terrible !

13 Il abat l'orgueil des puissants, il est redoutable aux rois de la terre.

Psaume 77

1 *Au maître de chant,... Idithun. Psaume d'Asaph.*
2 Ma voix s'élève vers Dieu, et je crie ; ma voix s'élève vers Dieu : qu'il m'entende !
3 Au jour de ma détresse, je cherche le Seigneur ; mes mains sont étendues la nuit sans se lasser ; mon âme refuse toute consolation.
4 Je me souviens de Dieu, et je gémis ; je médite, et mon esprit est abattu. — *Séla.*
5 Tu tiens mes paupières ouvertes ; et, dans mon agitation, je ne puis parler.
6 Alors je pense aux jours anciens, aux années d'autrefois.
7 Je me rappelle mes cantiques pendant la nuit, je réfléchis au dedans de mon cœur, et mon esprit se demande :
8 « Le Seigneur rejettera-t-il pour toujours, ne sera-t-il plus favorable ?
9 Sa bonté est-elle épuisée pour jamais, en est-ce fait de ses promesses pour les âges futurs ?
10 Dieu a-t-il oublié sa clémence, a-t-il, dans sa colère, retiré sa miséricorde ? » — *Séla.*
11 Je dis : « Ce qui fait ma souffrance, c'est que la droite du Très-Haut a changé ! »
12 Je veux rappeler les œuvres de Yahweh, car je me souviens de tes merveilles d'autrefois,
13 Je veux réfléchir sur toutes tes œuvres, et méditer sur tes hauts faits.
14 Ô Dieu, tes voies sont saintes : quel Dieu est grand comme notre Dieu ?
15 Tu es le Dieu qui fait des prodiges ; tu as manifesté ta puissance parmi les nations.

16 Par ton bras, tu as délivré ton peuple, les fils de Jacob et de Joseph. — *Séla.*
17 Les eaux t'ont vu, ô Dieu, les eaux t'ont vu et elles ont tremblé ; les abîmes se sont émus.
18 Les nuées déversèrent leurs eaux, les nues firent entendre leur voix, et tes flèches volèrent de toutes parts.
19 Ton tonnerre retentit dans le tourbillon ; les éclairs illuminèrent le monde ; la terre frémit et trembla.
20 La mer fut ton chemin, les grandes eaux ton sentier, et l'on ne put reconnaître tes traces.
21 Tu as conduit ton peuple comme un troupeau, par la main de Moïse et d'Aaron.

Psaume 78

1 *Cantique d'Asaph.*
Écoute, ô mon peuple, mon enseignement ; prête l'oreille aux paroles de ma bouche.
2 Je vais ouvrir ma bouche pour dire des sentences, je publierai les mystères des temps anciens.
3 Ce que nous avons entendu, ce que nous avons appris, ce que nos pères nous ont raconté,
4 nous ne le cacherons pas à leurs enfants ; nous dirons à la génération future les louanges de Yahweh, et sa puissance, et les prodiges qu'il a opérés.
5 Il a mis une règle en Jacob, il a établi une loi en Israël, qu'il a enjoint à nos pères d'apprendre à leurs enfants,
6 pour qu'elles soient connues des générations suivantes, des enfants qui naîtraient et qui se lèveraient, pour les raconter à leur tour à leurs enfants.
7 Ainsi ils mettraient en Dieu leur confiance, ils n'oublieraient point les œuvres de Dieu, et ils observeraient ses préceptes ;
8 ils ne seraient point, comme leurs pères, une race indocile et rebelle, une race au cœur volage, dont l'esprit n'est pas

fidèle à Dieu.
9 Les fils d'Ephraïm, archers habiles à tirer de l'arc, ont tourné le dos au jour du combat ;
10 ils n'ont pas gardé l'alliance de Dieu, ils ont refusé de marcher selon sa loi ;
11 ils ont mis en oubli ses grandes œuvres, et les merveilles qu'il leur avait montrées.
12 Devant leurs pères, il avait fait des prodiges, au pays de l'Egypte, dans les campagnes de Tanis.
13 Il ouvrit la mer pour les faire passer ; il retint les eaux dressées comme un monceau ;
14 il les conduisit le jour par la nuée, et toute la nuit par un feu brillant.
15 Il fendit les rochers dans le désert, et il donna à boire comme des flots abondants.
16 Du rocher, il fit jaillir des ruisseaux et couler l'eau par torrents.
17 Mais ils continuèrent de pécher contre lui, de se révolter contre le Très-Haut dans le désert.
18 Ils tentèrent Dieu dans leur cœur, en demandant de la nourriture selon leur convoitise.
19 Ils parlèrent contre Dieu et dirent : « Dieu pourra-t-il dresser une table dans le désert ?
20 Voici qu'il a frappé le rocher, et des eaux ont coulé, et des torrents se sont répandus ; pourra-t-il aussi nous donner du pain ou bien procurer de la viande à son peuple ? »
21 Yahweh entendit et il fut irrité, un feu s'alluma contre Jacob, et la colère s'éleva contre Israël,
22 parce qu'ils n'avaient pas eu foi en Dieu et n'avaient pas espéré en son secours.
23 Cependant, il commanda aux nuées d'en haut, et il ouvrit les portes du ciel ;
24 il fit pleuvoir sur eux la manne pour les nourrir, et leur donna le froment du ciel.
25 Chacun mangea le pain des forts, il leur envoya de la nourriture à satiété.

26 Il fit souffler dans le ciel le vent d'orient, il amena par sa puissance le vent du midi ;
27 il fit pleuvoir sur eux la viande comme de la poussière, et les oiseaux ailés comme le sable des mers.
28 Il les fit tomber au milieu de leur camp, autour de leurs tentes.
29 Ils mangèrent et se rassasièrent à l'excès ; Dieu leur donna ce qu'ils avaient désiré.
30 Ils n'avaient pas encore satisfait leur convoitise, et leur nourriture était encore à leur bouche,
31 quand la colère de Dieu s'éleva contre eux ; il frappa de mort les mieux repus, il abattit les jeunes hommes d'Israël.
32 Après tout cela, ils péchèrent encore, et n'eurent pas foi dans ses prodiges.
33 Alors il dissipa leurs jours comme un souffle, et leurs années par une fin soudaine.
34 Quand il les frappait de mort, ils le cherchaient, ils revenaient, empressés à retrouver Dieu,
35 ils se rappelaient que Dieu était leur rocher, et le Dieu Très-Haut leur libérateur.
36 Mais ils le trompaient par leurs paroles, et leur langue lui mentait ;
37 leur cœur n'était pas ferme avec lui, ils n'étaient pas fidèles à son alliance.
38 Mais lui est miséricordieux : il pardonne le péché et ne détruit pas ; souvent il retint sa colère, et ne se livra pas à toute sa fureur.
39 Il se souvenait qu'ils n'étaient que chair, un souffle qui s'en va et ne revient plus.
40 Que de fois ils se révoltèrent contre lui dans le désert, ils l'irritèrent dans la solitude !
41 Ils ne cessèrent de tenter Dieu et de provoquer le Saint d'Israël.
42 Ils ne se souvinrent plus de sa puissance, du jour où il les délivra de l'oppresseur,
43 où il montra ses prodiges en Egypte, ses actions merveil-

leuses dans les campagnes de Tanis.
44 Il changea leurs fleuves en sang, et ils ne purent boire à leurs ruisseaux.
45 Il envoya contre eux le moucheron qui les dévora, et la grenouille qui les fit périr.
46 Il livra leurs récoltes à la sauterelle, le produit de leur travail à ses essaims.
47 Il détruisit leurs vignes par la grêle, et leurs sycomores par les grêlons.
48 Il abandonna leur bétail à la grêle, et leurs troupeaux aux coups de la foudre.
49 Il déchaîna contre eux le feu de son courroux, la fureur, la rage et la détresse, toute une armée d'anges de malheur.
50 Il donna libre carrière à sa colère, il ne sauva pas leur âme de la mort, il livra leur vie à la destruction.
51 Il frappa tous les premiers-nés en Egypte, les prémices de la force sous les tentes de Cham.
52 Il fit partir son peuple comme des brebis, il les mena comme un troupeau dans le désert.
53 Il les dirigea sûrement, sans qu'ils n'eussent rien à craindre, et la mer engloutit leurs ennemis.
54 Il les fit arriver jusqu'à sa frontière sainte, jusqu'à la montagne que sa droite a conquise.
55 Il chassa les nations devant eux, leur assigna par le sort leur part d'héritage, et fit habiter dans leurs tentes les tribus d'Israël.
56 Cependant ils ont encore tenté et provoqué le Dieu Très-Haut, et ils n'ont pas observé ses ordonnances.
57 Ils se sont détournés et ont été infidèles comme leurs pères, ils se sont détournés comme un arc trompeur.
58 Ils l'ont irrité par leurs hauts lieux, ils ont excité sa jalousie par leurs idoles.
59 Dieu entendit et s'indigna, il prit Israël en grande aversion.
60 Il dédaigna la demeure de Silo, la tente où il habitait parmi les hommes.
61 Il livra sa force à la captivité, et sa majesté aux mains de

l'ennemi.
62. Il abandonna son peuple au glaive, et il s'indigna contre son héritage.
63. Le feu dévora ses jeunes hommes, et ses vierges n'entendirent point le chant nuptial.
64. Ses prêtres tombèrent par l'épée, et ses veuves ne se lamentèrent point.
65. Le Seigneur se réveilla, comme un homme endormi, pareil au guerrier subjugué par le vin.
66. Il frappa ses ennemis par derrière, il leur infligea une honte éternelle.
67. Mais il prit en aversion la tente de Joseph, et il répudia la tribu d'Ephraïm.
68. Il choisit la tribu de Juda, la montagne de Sion qu'il aimait.
69. Et il bâtit son sanctuaire comme les hauteurs du ciel, comme la terre qu'il a fondée pour toujours.
70. Il choisit David, son serviteur, et le tira des bergeries ;
71. Il le prit derrière les brebis mères, pour paître Jacob, son peuple, et Israël, son héritage.
72. Et David les guida dans la droiture de son cœur, et il les conduisit d'une main habile.

Psaume 79

1. *Psaume d'Asaph.*
Ô Dieu, les nations ont envahi ton héritage, elles ont profané ton saint temple, elles ont fait de Jérusalem un monceau de pierres.
2. Elles ont livré les cadavres de tes serviteurs en pâture aux oiseaux du ciel, et la chair de tes fidèles aux bêtes de la terre.
3. Elles ont versé leur sang comme de l'eau, tout autour de Jérusalem, et personne pour leur donner la sépulture !
4. Nous sommes devenus un objet d'opprobre pour nos voi-

sins, de risée et de moquerie pour ceux qui nous entourent.
5. Jusques à quand, Yahweh, seras-tu irrité pour toujours, et ta colère s'allumera-t-elle comme le feu ?
6. Répands ta fureur sur les nations qui ne te connaissent pas, sur les royaumes qui n'invoquent pas ton nom.
7. Car ils ont dévoré Jacob, et ravagé sa demeure.
8. Ne te souviens plus contre nous des iniquités de nos pères ; que ta compassion vienne en hâte au-devant de nous, car notre misère est au comble.
9. Secours-nous, Dieu de notre salut, pour la gloire de ton nom, délivre-nous et pardonne nos péchés à cause de ton nom.
10. Pourquoi les nations diraient-elles : « Où est leur Dieu ? » Qu'on connaisse parmi les nations, et sous nos yeux, la vengeance que tu tires du sang de tes serviteurs, quand il est répandu !
11. Que les gémissements des captifs montent jusqu'à toi ; selon la grandeur de ton bras, sauve ceux qui vont périr !
12. Fais retomber sept fois dans le sein de nos voisins les outrages qu'ils t'ont faits, Seigneur !
13. Et nous, ton peuple, le troupeau de ton pâturage, nous te rendrons gloire à jamais ; d'âge en âge, nous publierons tes louanges.

Psaume 80

1. *Au maître de chant. Sur les lis du témoignage. Psaume d'Asaph.*
2. Pasteur d'Israël, prête l'oreille, toi qui conduis Joseph comme un troupeau ; toi qui trônes sur les Chérubins, parais avec splendeur !
3. Devant Ephraïm, Benjamin et Manassé, réveille ta force, et viens à notre secours.
4. Ô Dieu, rétablis-nous ; fais briller ta face, et nous serons sauvés.

5 Yahweh, Dieu des armées, jusques à quand seras-tu irrité contre la prière de ton peuple ?
6 Tu les as nourris d'un pain de larmes, tu les as abreuvés de larmes abondantes.
7 Tu as fait de nous un objet de dispute pour nos voisins, et nos ennemis se raillent de nous.
8 Dieu des armées, rétablis-nous ; fais briller sur nous ta face, et nous serons sauvés.
9 Tu as arraché de l'Egypte une vigne ; tu as chassé les nations et tu l'as plantée.
10 Tu as ménagé de la place devant elle, elle a enfoncé ses racines et rempli la terre.
11 Son ombre couvrait les montagnes, et ses rameaux les cèdres de Dieu ;
12 elle étendait ses branches jusqu'à la Mer, et ses rejetons jusqu'au Fleuve.
13 Pourquoi as-tu rompu ses clôtures, en sorte que tous les passants la dévastent ?
14 Le sanglier de la forêt la dévore, et les bêtes des champs en font leur pâture.
15 Dieu des armées, reviens, regarde du haut du ciel et vois, considère cette vigne !
16 Protège ce que ta droite a planté, et le fils que tu t'es choisi !...
17 Elle est brûlée par le feu, elle est coupée ; devant ta face menaçante, tout périt.
18 Que ta main soit sur l'homme de ta droite, sur le fils de l'homme que tu t'es choisi.
19 Et nous ne nous éloignerons plus de toi ; rends-nous la vie, et nous invoquerons ton nom.
20 Yahweh, Dieu des armées, rétablis-nous ; fais briller sur nous ta face, et nous serons sauvés.

PSAUTIER

Psaume 81

1 *Au maître de chant. Sur la Gitthienne. D'Asaph.*
2 Chantez avec allégresse en l'honneur de Dieu, notre force ; poussez des cris de joie en l'honneur du Dieu de Jacob !
3 Entonnez l'hymne, au son du tambourin, de la harpe harmonieuse et du luth !
4 Sonnez de la trompette à la nouvelle lune, à la pleine lune, pour le jour de notre fête.
5 Car c'est un précepte pour Israël, une ordonnance du Dieu de Jacob.
6 Il en fit une loi pour Joseph, quand il marcha contre le pays d'Egypte.
J'entends une voix qui m'est inconnue :
7 « J'ai déchargé son épaule du fardeau, et ses mains ont quitté la corbeille.
8 Tu as crié dans la détresse, et je t'ai délivré ; je t'ai répondu du sein de la nuée orageuse ; je t'ai éprouvé aux eaux de Mériba. » — *Séla.*
9 « Écoute, mon peuple, je veux te donner un avertissement ; Israël, puisses-tu m'écouter !
10 Qu'il n'y ait point au milieu de toi de dieu étranger : n'adore pas le dieu d'un autre peuple.
11 C'est moi, Yahweh, ton Dieu, qui t'ai fait monter du pays d'Egypte. Ouvre la bouche, et je la remplirai.
12 Mais mon peuple n'a pas écouté ma voix, Israël ne m'a pas obéi.
13 Alors je l'ai abandonné à l'endurcissement de son cœur, et ils ont suivi leurs propres conseils.
14 Ah ! si mon peuple m'écoutait, si Israël marchait dans mes voies !...
15 Bientôt je confondrais leurs ennemis ; je tournerais ma main contre leurs oppresseurs.
16 Ceux qui haïssent Yahweh le flatteraient, et la durée d'Israël serait assurée pour toujours.

17 Je le nourrirais de la fleur de froment, et je le rassasierais du miel du rocher. »

Psaume 82

1 *Cantique d'Asaph.*
Dieu se tient dans l'assemblée du Tout-Puissant ; au milieu des dieux il rend son arrêt :
2 « Jusques à quand jugerez-vous injustement, et prendrez-vous parti pour les méchants ? » — *Séla.*
3 « Rendez justice au faible et à l'orphelin, faites droit au malheureux et au pauvre,
4 sauvez le misérable et l'indigent, délivrez-les de la main des méchants.
5 Ils n'ont ni savoir ni intelligence, ils marchent dans les ténèbres ; tous les fondements de la terre sont ébranlés.
6 J'ai dit : Vous êtes des dieux, vous êtes tous les fils du Très-Haut.
7 Cependant, vous mourrez comme des hommes, vous tomberez comme le premier venu des princes. »
8 Lève-toi, ô Dieu, juge la terre, car toutes les nations t'appartiennent.

Psaume 83

1 *Cantique. Psaume d'Asaph.*
2 Ô Dieu, ne reste pas dans l'inaction ; ne te tais pas et ne te repose pas, ô Dieu !
3 Car voici que tes ennemis s'agitent bruyamment, ceux qui te haïssent lèvent la tête.
4 Ils forment contre ton peuple un dessein perfide, ils conspirent contre ceux que tu protèges :
5 « Venez, disent-ils, exterminons-les d'entre les nations, et

qu'on ne prononce plus le nom d'Israël ! »
6 Ils se concertent tous d'un même cœur, contre toi ils forment une alliance,
7 les tentes d'Edom et les Ismaélites, Moab et les Agaréniens,
8 Gébal, Ammon et Amalec, les Philistins avec les habitants de Tyr ;
9 Assur aussi se joint à eux et prête son bras aux enfants de Lot. — *Séla.*
10 Traite-les comme Madian, comme Sisara, comme Jabin au torrent de Cison.
11 Ils ont été anéantis à Endor, ils ont servi d'engrais à la terre.
12 Traite leurs chefs comme Oreb et Zeb, et tous leurs princes comme Zébée et Salmana.
13 Car ils disent : « Emparons-nous des demeures de Dieu ! »
14 Mon Dieu, rends-les semblables au tourbillon, au chaume qu'emporte le vent !
15 Comme le feu dévore la forêt, comme la flamme embrase les montagnes,
16 ainsi poursuis-les dans ta tempête, épouvante-les dans ton ouragan.
17 Couvre leurs faces d'ignominie, afin qu'ils cherchent ton nom, Yahweh.
18 Qu'ils soient à jamais dans la confusion et l'épouvante, dans la honte et dans la ruine !
19 Qu'ils sachent que toi, — ton nom est Yahweh, — tu es seul le Très-Haut sur toute la terre !

Psaume 84

1 *Au maître de chant. Sur la Gitthienne. Psaume des fils de Coré.*
2 Que tes demeures sont aimables, Yahweh des armées !
3 Mon âme s'épuise en soupirant après les parvis de Yahweh ; mon cœur et ma chair tressaillent vers le Dieu vivant.
4 Le passereau même trouve une demeure, et l'hirondelle un

nid où elle repose ses petits : tes autels, Yahweh des armées, mon Roi et mon Dieu !

5 Heureux ceux qui habitent ta maison ! Ils peuvent te louer encore. — *Séla.*
6 Heureux les hommes qui ont en toi leur force ; ils ne pensent qu'aux saintes montées.
7 Lorsqu'ils traversent la vallée des Larmes ils la changent en un lieu plein de sources, et la pluie d'automne la couvre aussi de bénédictions.
8 Pendant la marche s'accroît la vigueur, et ils paraissent devant Dieu à Sion :
9 « Yahweh, Dieu des armées, disent-ils, écoute ma prière ; prête l'oreille, Dieu de Jacob. » — *Séla.*
10 Toi qui es notre bouclier, vois, ô Dieu, et regarde la face de ton Oint !
11 Car un jour dans tes parvis vaut mieux que mille ; je préfère me tenir sur le seuil de la maison de mon Dieu, plutôt que d'habiter sous les tentes des méchants.
12 Car Yahweh Dieu est un soleil et un bouclier ; Yahweh donne la grâce et la gloire, il ne refuse aucun bien à ceux qui marchent dans l'innocence.
13 Yahweh des armées, heureux celui qui se confie en toi !

Psaume 85

1 *Au maître de chant. Psaume des fils de Coré.*
2 Tu as été favorable à ton pays, Yahweh, tu as ramené les captifs de Jacob ;
3 tu as pardonné l'iniquité à ton peuple, tu as couvert tous ses péchés ; — *Séla.*
4 tu as retiré toute ton indignation, tu es revenu de l'ardeur de ta colère.
5 Rétablis-nous, Dieu de notre salut ; mets fin à ton sentiment contre nous.

6 Seras-tu toujours irrité contre nous, prolongeras-tu ton courroux éternellement ?
7 Ne nous feras-tu pas revenir à la vie, afin que ton peuple se réjouisse en toi ?
8 Yahweh, fais-nous voir ta bonté, et accorde-nous ton salut.
9 Je veux écouter ce que dira le Dieu Yahweh : — Il a des paroles de paix pour son peuple et pour ses fidèles ; pourvu qu'ils ne retournent pas à leur folie. —
10 Oui, son salut est proche de ceux qui le craignent, et la gloire habitera de nouveau dans notre pays.
11 La bonté et la vérité vont se rencontrer, la justice et la paix s'embrasseront.
12 La vérité germera de la terre, et la justice regardera du haut du ciel.
13 Yahweh lui-même accordera tout bien, et notre terre donnera son fruit.
14 La justice marchera devant lui, et tracera le chemin à ses pas.

Psaume 86

1 *Prière de David.*
Prête l'oreille, Yahweh, exauce-moi, car je suis malheureux et indigent.
2 Garde mon âme, car je suis pieux ; sauve ton serviteur, ô mon Dieu ; il met sa confiance en toi.
3 Aie pitié de moi, Seigneur, car je crie vers toi tout le jour.
4 Réjouis l'âme de ton serviteur, car vers toi, Seigneur, j'élève mon âme.
5 Car tu es bon, Seigneur, et clément, et plein de compassion pour tous ceux qui t'invoquent.
6 Yahweh, prête l'oreille à ma prière, sois attentif à la voix de mes supplications.
7 Je t'invoque au jour de ma détresse, et tu m'exauceras.

8 Nul ne t'égale parmi les dieux, Seigneur, rien ne ressemble à tes œuvres.
9 Toutes les nations que tu as faites viendront se prosterner devant toi, Seigneur, et rendre gloire à ton nom.
10 Car tu es grand et tu opères des prodiges ; toi seul, tu es Dieu.
11 Enseigne-moi tes voies, Yahweh ; je veux marcher dans ta fidélité ; attache mon cœur à la crainte de ton nom.
12 Je te louerai de tout mon cœur, Seigneur, mon Dieu ; et je glorifierai ton nom à jamais.
13 Car ta bonté est grande envers moi, tu as tiré mon âme du fond du schéol.
14 Ô Dieu, des orgueilleux se sont élevés contre moi, une troupe d'hommes violents en veulent à ma vie, sans tenir aucun compte de toi.
15 Mais toi, Seigneur, tu es un Dieu miséricordieux et compatissant, lent à la colère, riche en bonté et en fidélité.
16 Tourne vers moi tes regards et aie pitié de moi ; donne ta force à ton serviteur, et sauve le fils de ta servante.
17 Signale ta bonté envers moi : que mes ennemis le voient et soient confondus ! Car c'est toi, Yahweh, qui m'assistes et me consoles.

Psaume 87

1 *Psaume des fils de Coré. Cantique.*
Il l'a fondée sur les saintes montagnes !
2 Yahweh aime les portes de Sion, plus que toutes les demeures de Jacob.
3 Des choses glorieuses ont été dites sur toi, cité de Dieu ! — *Séla.*
4 « Je nommerai Rahab et Babylone parmi ceux qui me connaissent ; voici les Philistins, et Tyr, avec l'Ethiopie : c'est là qu'ils sont nés. »

5 Et l'on dira de Sion : Celui-ci et celui-là y est né ; c'est Lui, le Très-Haut, qui l'a fondée.
6 Yahweh inscrira au rôle des peuples : « Celui-ci est né là. » — *Séla*.
7 Et chanteurs et musiciens disent : « Toutes mes sources sont en toi. »

Psaume 88

1 *Cantiques. Psaume des fils de Coré. Au maître de chant.*
À chanter sur le ton plaintif. Cantique d'Héman l'Ezrahite.
2 Yahweh, Dieu de mon salut, quand je crie la nuit devant toi,

3 que ma prière arrive en ta présence, prête l'oreille à mes supplications !
4 Car mon âme est rassasiée de maux, et ma vie touche au schéol.
5 On me compte parmi ceux qui descendent dans la fosse, je suis comme un homme à bout de forces.
6 Je suis comme délaissé parmi les morts, pareil aux cadavres étendus dans le sépulcre, dont tu n'as plus le souvenir, et qui sont soustraits à ta main.
7 Tu m'as jeté au fond de la fosse, dans les ténèbres, dans les abîmes.
8 Sur moi s'appesantit ta fureur, tu m'accables de tous tes flots. — *Séla*.
9 Tu as éloigné de moi mes amis, tu m'as rendu pour eux un objet d'horreur ; je suis emprisonné sans pouvoir sortir ;
10 mes yeux se consument dans la souffrance.
Je t'invoque tout le jour, Yahweh, j'étends les mains vers toi.
11 Feras-tu un miracle pour les morts ; ou bien les ombres se lèveront-elles pour te louer ? — *Séla*.
12 Publie-t-on ta bonté dans le sépulcre, ta fidélité dans

l'abîme ?
13. Tes prodiges sont-ils connus dans la région des ténèbres et ta justice dans la terre de l'oubli ?
14. Et moi, Yahweh, je crie vers toi, ma prière va au-devant de toi dès le matin.
15. Pourquoi, Yahweh, repousses-tu mon âme, me caches-tu ta face ?
16. Je suis malheureux et moribond depuis ma jeunesse ; sous le poids de tes terreurs, je ne sais que devenir.
17. Tes fureurs passent sur moi, tes épouvantes m'accablent.
18. Comme des eaux débordées elles m'environnent tout le jour ; elles m'assiègent toutes ensemble.
19. Tu as éloigné de moi mes amis et mes proches ; mes compagnons, ce sont les ténèbres de la tombe.

Psaume 89

1. *Cantique d'Ethan l'Ezrahite.*
2. Je veux chanter à jamais les bontés de Yahweh ; à toutes les générations ma bouche fera connaître ta fidélité.
3. Car je dis : La bonté est un édifice éternel, dans les cieux tu as établi ta fidélité.
4. « J'ai contracté alliance avec mon élu ; j'ai fait ce serment à David, mon serviteur :
5. je veux affermir ta race pour toujours, établir ton trône pour toutes les générations. » — *Séla.*
6. Les cieux célèbrent tes merveilles, Yahweh, et ta fidélité dans l'assemblée des saints.
7. Car qui pourrait, dans le ciel, se comparer à Yahweh ? Qui est semblable à Yahweh parmi les fils de Dieu ?
8. Dieu est terrible dans la grande assemblée des saints, il est redoutable pour tous ceux qui l'entourent.
9. Yahweh, Dieu des armées, qui est comme toi ? Tu es puissant, Yahweh, et ta fidélité t'environne.

10 C'est toi qui domptes l'orgueil de la mer ; quand ses flots se soulèvent, c'est toi qui les apaises.
11 C'est toi qui écrasas Rahab comme un cadavre, qui dispersas tes ennemis par la force de ton bras.
12 À toi sont les cieux, à toi aussi la terre ; le monde et ce qu'il contient, c'est toi qui l'as fondé.
13 Tu as créé le nord et le midi ; le Thabor et l'Hermon tressaillent à ton nom.
14 Ton bras est armé de puissance, ta main est forte, ta droite élevée.
15 La justice et l'équité sont le fondement de ton trône, la bonté et la fidélité se tiennent devant ta face.
16 Heureux le peuple qui connaît les joyeuses acclamations, qui marche à la clarté de ta face, Yahweh !
17 Il se réjouit sans cesse en ton nom, et il s'élève par ta justice.
18 Car tu es sa gloire et sa puissance, et ta faveur élève notre force.
19 Car de Yahweh vient notre bouclier, et du Saint d'Israël notre roi.
20 Tu parlas jadis dans une vision à ton bien-aimé, en disant : « J'ai prêté assistance à un héros, j'ai élevé un jeune homme du milieu du peuple.
21 J'ai trouvé David, mon serviteur, je l'ai oint de mon huile sainte.
22 Ma main sera constamment avec lui, et mon bras le fortifiera.
23 L'ennemi ne le surprendra pas, et le fils d'iniquité ne l'emportera pas sur lui.
24 J'écraserai devant lui ses adversaires, et je frapperai ceux qui le haïssent.
25 Ma fidélité et ma bonté seront avec lui, et par mon nom grandira sa puissance.
26 J'étendrai sa main sur la mer et sa droite sur les fleuves.
27 Il m'invoquera : Tu es mon père, mon Dieu et le rocher de mon salut.

28. Et moi je ferai de lui le premier-né, le plus élevé des rois de la terre.
29. Je lui conserverai ma bonté à jamais, et mon alliance lui sera fidèle.
30. J'établirai sa postérité pour jamais, et son trône aura les jours des cieux.
31. Si ses fils abandonnent ma loi, et ne marchent pas selon mes ordonnances ;
32. s'ils violent mes préceptes, et n'observent pas mes commandements ;
33. je punirai de la verge leurs transgressions, et par des coups leurs iniquités ;
34. mais je ne lui retirerai pas ma bonté, et je ne ferai pas mentir ma fidélité.
35. Je ne violerai pas mon alliance, et je ne changerai pas la parole sortie de mes lèvres.
36. Je l'ai juré une fois par ma sainteté ; non, je ne mentirai pas à David.
37. Sa postérité subsistera éternellement, son trône sera devant moi comme le soleil ;
38. comme la lune, il est établi pour toujours, et le témoin qui est au ciel est fidèle. » — *Séla.*
39. Et toi, tu as rejeté, et tu as dédaigné, et tu t'es irrité contre ton Oint !
40. Tu as pris en dégoût l'alliance avec son serviteur, tu as jeté à terre son diadème profané.
41. Tu as renversé toutes ses murailles, tu as mis en ruines ses forteresses.
42. Tous les passants le dépouillent ; il est devenu l'opprobre de ses voisins.
43. Tu as élevé la droite de ses oppresseurs, tu as réjoui tous ses ennemis.
44. Tu as fait retourner en arrière le tranchant de son glaive, et tu ne l'as pas soutenu dans le combat.
45. Tu l'as dépouillé de sa splendeur, et tu as jeté par terre son trône.

46 Tu as abrégé les jours de sa jeunesse, et tu l'as couvert d'ignominie. — *Séla.*
47 Jusques à quand, Yahweh, te cacheras-tu pour toujours, et ta fureur s'embrasera-t-elle comme le feu ?
48 Rappelle-toi la brièveté de ma vie, et pour quelle vanité tu as créé les fils de l'homme !
49 Quel est le vivant qui ne verra pas la mort, qui soustraira son âme au pouvoir du schéol ? — *Séla.*
50 Où sont, Seigneur, tes bontés d'autrefois, que tu juras à David dans ta fidélité ?
51 Souviens-toi, Seigneur, de l'opprobre de tes serviteurs ; souviens-toi que je porte dans mon sein les outrages de tant de peuples nombreux ;
52 souviens-toi des outrages de tes ennemis, Yahweh, de leurs outrages contre les pas de ton Oint.
53 Béni soit à jamais Yahweh ! Amen ! Amen !

Psaume 90

1 *Prière de Moïse, homme de Dieu.*
Seigneur, tu as été pour nous un refuge d'âge en âge.
2 Avant que les montagnes fussent nées, et que tu eusses enfanté la terre et le monde, de l'éternité à l'éternité : tu es, ô Dieu !
3 Tu réduis les mortels en poussière, et tu dis : « Retournez, fils de l'homme !
4 Car mille ans sont, à tes yeux, comme le jour d'hier, quand il passe, et comme une veille de la nuit.
5 Tu les emportes, semblables à un songe ; le matin, comme l'herbe, ils repoussent :
6 le matin, elle fleurit et pousse ; le soir, elle se flétrit et se dessèche.
7 Ainsi nous sommes consumés par ta colère, et ta fureur nous terrifie.

8 Tu mets devant toi nos iniquités, nos fautes cachées à la lumière de ta face.
9 Tous nos jours disparaissent par ton courroux, nous voyons nos années s'évanouir comme un son léger.
10 Nos jours s'élèvent à soixante-dix ans, et dans leur pleine mesure à quatre-vingts ans ; et leur splendeur n'est que peine et misère, car ils passent vite, et nous nous envolons !
11 Qui comprend la puissance de ta colère, et ton courroux, selon la crainte qui t'est due ?
12 Enseigne-nous à bien compter nos jours, afin que nous acquérions un cœur sage.
13 Reviens, Yahweh ; jusques à quand ? Aie pitié de tes serviteurs.
14 Rassasie-nous le matin de ta bonté, et nous serons tous nos jours dans la joie et l'allégresse.
15 Réjouis-nous autant de jours que tu nous as humiliés, autant d'années que nous avons connu le malheur.
16 Que ton œuvre se manifeste à tes serviteurs, ainsi que ta gloire, pour leurs enfants !
17 Que la faveur de Yahweh, notre Dieu, soit sur nous ! Affermis pour nous l'ouvrage de nos mains ; oui, affermis l'ouvrage de nos mains !

Psaume 91

1 Celui qui s'abrite sous la protection du Très-Haut repose à l'ombre du Tout-Puissant.
2 Je dis à Yahweh : « Tu es mon refuge et ma forteresse, mon Dieu en qui je me confie. »
3 Car c'est lui qui te délivre du filet de l'oiseleur et de la peste funeste.
4 Il te couvrira de ses ailes, et sous ses plumes tu trouveras un refuge. Sa fidélité est un bouclier et une cuirasse.
5 Tu n'auras à craindre ni les terreurs de la nuit, ni la flèche

qui vole pendant le jour,
6 ni la peste qui marche dans les ténèbres, ni la contagion qui ravage en plein midi.
7 Que mille tombent à ton côté, et dix mille à ta droite, tu ne seras pas atteint.
8 De tes yeux seulement tu regarderas, et tu verras la rétribution des méchants.
9 Car tu as dit : « Tu es mon refuge, Yahweh ! » ; tu as fait du Très-Haut ton asile.
10 Le malheur ne viendra pas jusqu'à toi, aucun fléau n'approchera de ta tente.
11 Car il ordonnera à ses anges de te garder dans toutes tes voies.
12 Ils te porteront sur leurs mains, de peur que ton pied ne heurte contre la pierre.
13 Tu marcheras sur le lion et sur l'aspic, tu fouleras le lionceau et le dragon. —
14 « Puisqu'il s'est attaché à moi, je le délivrerai ; je le protégerai, puisqu'il connaît mon nom.
15 Il m'invoquera et je l'exaucerai ; je serai avec lui dans la détresse.
Je le délivrerai et le glorifierai.
16 Je le rassasierai de longs jours, et je lui ferai voir mon salut. »

Psaume 92

1 *Psaume. Cantique pour le jour du sabbat.*
2 Il est bon de louer Yahweh, et de célébrer ton nom, ô Très-Haut,
3 de publier le matin ta bonté, et ta fidélité pendant la nuit,
4 sur l'instrument à dix cordes et sur le luth, avec les accords de la harpe.
5 Tu me réjouis, Yahweh, par tes œuvres, et je tressaille de-

vant les ouvrages de tes mains.
6. Que tes œuvres sont grandes, Yahweh, que tes pensées sont profondes !
7. L'homme stupide n'y connaît rien, et l'insensé n'y peut rien comprendre.
8. Quand les méchants croissent comme l'herbe, et que fleurissent tous ceux qui font le mal, c'est pour être exterminés à jamais.
9. Mais toi, tu es élevé pour l'éternité, Yahweh !
10. Car voici que tes ennemis, Yahweh, voici que tes ennemis périssent, tous ceux qui font le mal sont dispersés.
11. Et tu élèves ma corne, comme celle du buffle, je suis arrosé avec une huile fraîche.
12. Mon œil se plaît à contempler mes ennemis, et mon oreille à entendre les méchants qui s'élèvent contre moi.
13. Le juste croîtra comme le palmier, il s'élèvera comme le cèdre du Liban.
14. Plantés dans la maison de Yahweh, ils fleuriront dans les parvis de notre Dieu.
15. Ils porteront encore des fruits dans la vieillesse ; ils seront pleins de sève et verdoyants,
16. pour proclamer que Yahweh est juste : il est mon rocher, et il n'y a pas en lui d'injustice.

Psaume 93

1. Yahweh est roi, il est revêtu de majesté, Yahweh est revêtu, il est ceint de force : aussi le monde est ferme, il ne chancelle pas.
2. Ton trône est établi dès l'origine, tu es dès l'éternité.
3. Les fleuves élèvent, ô Yahweh, les fleuves élèvent leurs voix, les fleuves élèvent leurs flots retentissants.
4. Plus que la voix des grandes eaux, des vagues puissantes de la mer, Yahweh est magnifique dans les hauteurs !

5 Tes témoignages sont immuables ; la sainteté convient à ta maison, Yahweh, pour toute la durée des jours.

Psaume 94

1 Dieu des vengeances, Yahweh, Dieu des vengeances, parais !
2 Lève-toi, juge de la terre, rends aux superbes selon leurs œuvres !
3 Jusques à quand les méchants, Yahweh, jusques à quand les méchants triompheront-ils ?
4 Ils se répandent en discours arrogants, ils se glorifient, tous ces artisans d'iniquité.
5 Yahweh, ils écrasent ton peuple, ils oppriment ton héritage,
6 ils égorgent la veuve et l'étranger, ils massacrent les orphelins.
7 Et ils disent : « Yahweh ne regarde pas, le Dieu de Jacob ne fait pas attention. »
8 Comprenez-donc, stupides enfants du peuple ! Insensés, quand aurez-vous l'intelligence ?
9 Celui qui a planté l'oreille n'entendrait-il pas ? Celui qui a formé l'œil ne verrait-il pas ?
10 Celui qui châtie les nations ne punirait-il pas ? Celui qui donne à l'homme l'intelligence ne reconnaîtrait-il pas ?
11 Yahweh connaît les pensées des hommes, il sait qu'elles sont vaines.
12 Heureux l'homme que tu instruis, Yahweh, et à qui tu donnes l'enseignement de ta loi,
13 pour l'apaiser aux jours du malheur, jusqu'à ce que la fosse soit creusée pour le méchant.
14 Car Yahweh ne rejettera pas son peuple, il n'abandonnera pas son héritage ;
15 mais le jugement redeviendra conforme à la justice, et tous les hommes au cœur droit y applaudiront.

16 Qui se lèvera pour moi contre les méchants ? Qui me soutiendra contre ceux qui font le mal ?
17 Si Yahweh n'était pas mon secours, mon âme habiterait bientôt le séjour du silence.
18 Quand je dis : « Mon pied chancelle », ta bonté, Yahweh, me soutient.
19 Quand les angoisses s'agitent en foule dans ma pensée, tes consolations réjouissent mon âme.
20 A-t-il rien de commun avec toi le tribunal de perdition, qui fait le mal dans les formes légales ?
21 Ils s'empressent contre la vie du juste, et ils condamnent le sang innocent.
22 Mais Yahweh est ma forteresse, mon Dieu est le rocher où je m'abrite.
23 Il fera retomber sur eux leur iniquité, il les exterminera par leur propre malice, il les exterminera, Yahweh, notre Dieu !

Psaume 95

1 Venez, chantons avec allégresse à Yahweh ! Poussons des cris de joie vers le Rocher de notre salut !
2 Allons au-devant de lui avec des louanges, faisons retentir des hymnes en son honneur.
3 Car c'est un grand Dieu que Yahweh, un grand Roi au-dessus de tous les dieux.
4 Il tient dans sa main les fondements de la terre, et les sommets des montagnes sont à lui.
5 À lui la mer, car c'est lui qui l'a faite ; la terre aussi : ses mains l'ont formée.
6 Venez, prosternons-nous et adorons, fléchissons le genou devant Yahweh, notre Créateur.
7 Car il est notre Dieu, et nous, nous sommes le peuple de son pâturage, le troupeau que sa main conduit.
Oh ! si vous pouviez écouter aujourd'hui sa voix !

8 N'endurcissez pas votre cœur comme à Mériba, comme à la journée de Massa, dans le désert,

9 où vos pères m'ont tenté, m'ont éprouvé, quoiqu'ils eussent vu mes œuvres.

10 Pendant quarante ans j'eus cette race en dégoût, et je dis : C'est un peuple au cœur égaré ; et ils n'ont pas connu mes voies.

11 Aussi je jurai dans ma colère : ils n'entreront pas dans mon repos.

Psaume 96

1 Chantez à Yahweh un cantique nouveau ! Chantez à Yahweh, vous habitants de toute la terre !

2 Chantez à Yahweh, bénissez son nom !
Annoncez de jour en jour son salut,

3 Racontez sa gloire parmi les nations, ses merveilles parmi tous les peuples.

4 Car Yahweh est grand et digne de toute louange, il est redoutable par dessus tous les dieux,

5 car tous les dieux des peuples sont néant.
Mais Yahweh a fait les cieux.

6 La splendeur et la magnificence sont devant lui, la puissance et la majesté sont dans son sanctuaire.

7 Rendez à Yahweh, famille des peuples, rendez à Yahweh gloire et puissance !

8 Rendez à Yahweh la gloire due à son nom !
Apportez l'offrande et venez dans ses parvis.

9 Prosternez-vous devant Yahweh avec l'ornement sacré ! Tremblez devant lui, vous, habitants de toute la terre !

10 Dites parmi les nations : « Yahweh est roi ; aussi le monde sera stable et ne chancellera pas ; il jugera les peuples avec droiture. »

11 Que les cieux se réjouissent et que la terre soit dans l'allé-

gresse ! Que la mer s'agite avec tout ce qu'elle contient !
12 Que la campagne s'égaie avec tout ce qu'elle renferme, que tous les arbres des forêts poussent des cris de joie,
13 devant Yahweh, car il vient !
Car il vient pour juger la terre ; il jugera le monde avec justice, et les peuples selon sa fidélité.

Psaume 97

1 Yahweh est roi : que la terre soit dans l'allégresse, que les îles nombreuses se réjouissent !
2 La nuée et l'ombre l'environnent, la justice et l'équité sont la base de son trône.
3 Le feu s'avance devant lui, et dévore à l'entour ses adversaires.
4 Ses éclairs illuminent le monde ; la terre le voit et tremble.
5 Les montagnes se fondent, comme la cire, devant Yahweh, devant le Seigneur de toute la terre.
6 Les cieux proclament sa justice, et tous les peuples contemplent sa gloire.
7 Ils seront confondus tous les adorateurs d'images, qui sont fiers de leurs idoles. Tous les dieux se prosternent devant lui.
8 Sion a entendu et s'est réjouie, les filles de Juda sont dans l'allégresse, à cause de tes jugements, Yahweh.
9 Car toi, Yahweh, tu es le Très-Haut sur toute la terre, tu es souverainement élevé au dessus de tous les dieux.
10 Vous qui aimez Yahweh, haïssez le mal ! Il garde les âmes de ses fidèles, il les délivre de la main des méchants.
11 La lumière est semée pour le juste, et la joie pour ceux qui ont le cœur droit.
12 Justes, réjouissez-vous en Yahweh, et rendez gloire à son saint nom.

Psaume 98

1 Psaume.
Chantez à Yahweh un cantique nouveau, car il a fait des prodiges ; sa droite et son bras saints lui ont donné la victoire.
2 Yahweh a manifesté son salut, il a révélé sa justice aux yeux des nations.
3 Il s'est souvenu de sa bonté et de sa fidélité envers la maison d'Israël ; toutes les extrémités de la terre ont vu le salut de notre Dieu.
4 Poussez vers Yahweh des cris de joie, vous, habitants de toute la terre, faites éclater votre allégresse au son des instruments !
5 Célébrez Yahweh sur la harpe, sur la harpe et au son des cantiques !
6 Avec les trompettes et au son du cor, poussez des cris de joie devant le Roi Yahweh !
7 Que la mer s'agite avec tout ce qu'elle renferme, que la terre et ses habitants fassent éclater leurs transports.
8 Que les fleuves applaudissent, qu'ensemble les montagnes poussent des cris de joie,
9 devant Yahweh — car il vient pour juger la terre ; il jugera le monde avec justice, et les peuples avec équité.

Psaume 99

1 Yahweh est Roi : les peuples tremblent ; il est assis sur les Chérubins ; la terre chancelle.
2 Yahweh est grand dans Sion, il est élevé au dessus de tous les peuples.
3 Qu'on célèbre ton nom grand et redoutable ! — Il est saint !
4 Qu'on célèbre la puissance du Roi qui aime la justice ! Tu affermis la droiture, tu exerces en Jacob la justice et l'équité.

5 Exaltez Yahweh, notre Dieu, et prosternez-vous devant l'escabeau de ses pieds. — Il est saint !
6 Moïse et Aaron étaient parmi ses prêtres, et Samuel parmi ceux qui invoquaient son nom. Ils invoquaient Yahweh, et il les exauçait,
7 il leur parlait dans la colonne de nuée. Ils observaient ses commandements, et la loi qu'il leur avait donnée.
8 Yahweh, notre Dieu, tu les exauças, tu fus pour eux un Dieu clément, et tu les punis de leurs fautes.
9 Exaltez Yahweh, notre Dieu, et prosternez-vous devant sa montagne sainte, car il est saint, Yahweh notre Dieu !

Psaume 100

1 *Psaume de louange.*
Poussez des cris de joie vers Yahweh, vous, habitants de toute la terre !
2 Servez Yahweh avec joie, venez en sa présence avec allégresse !
3 Reconnaissez que Yahweh est Dieu. C'est lui qui nous a faits et nous lui appartenons ; nous sommes son peuple et le troupeau de son pâturage.
4 Venez à ses portiques avec des louanges, à ses parvis avec des cantiques ; célébrez-le, bénissez son nom.
5 Car Yahweh est bon, sa miséricorde est éternelle, et sa fidélité demeure d'âge en âge.

Psaume 101

1 *Psaume de David.*
Je veux chanter la bonté et la justice ; C'est toi, Yahweh, que je veux célébrer.
2 Je prendrai garde à la voie de l'innocence. — Quand vien-

dras-tu à moi ? —
Je marcherai dans l'intégrité de mon cœur, au milieu de ma maison.
3 Je ne mettrai devant mes yeux aucune action mauvaise.
Je hais la conduite perverse : elle ne s'attachera point à moi !
4 Un cœur faux ne sera jamais le mien ; je ne veux pas connaître le mal.
5 Le détracteur qui déchire en secret son prochain, je l'exterminerai ; l'homme au regard hautain et au cœur gonflé d'orgueil, je ne le supporterai pas.
6 J'aurai les yeux sur les hommes fidèles du pays, pour qu'ils demeurent auprès de moi ; celui qui marche dans une voie intègre sera mon serviteur.
7 Il n'aura point de place dans ma maison, celui qui agit avec fourberie ; celui qui profère le mensonge ne subsistera pas devant mes yeux.
8 Chaque matin j'exterminerai tous les méchants du pays, afin de retrancher de la cité de Yahweh tous ceux qui commettent l'iniquité.

Psaume 102

1 *Prière du malheureux, lorsqu'il est accablé et qu'il répand sa plainte devant Yahweh.*
2 Yahweh écoute ma prière, et que mon cri arrive jusqu'à toi.
3 Ne me cache pas ton visage, au jour de ma détresse ; incline vers moi ton oreille, quand je crie, hâte-toi de m'exaucer.
4 Car mes jours s'évanouissent comme en fumée, et mes os sont embrasés comme par un feu.
5 Frappé comme l'herbe, mon cœur se dessèche ; j'oublie même de manger mon pain.
6 À force de crier et de gémir, mes os s'attachent à ma chair.
7 Je ressemble au pélican du désert, je suis devenu comme le hibou des ruines.

8 Je passe les nuits sans sommeil, comme l'oiseau solitaire sur le toit.
9 Tout le jour mes adversaires m'outragent, mes ennemis furieux jurent ma ruine.
10 Je mange la cendre comme du pain, et je mêle mes larmes à mon breuvage,
11 à cause de ta colère et de ton indignation, car tu m'as soulevé et jeté au loin.
12 Mes jours sont comme l'ombre qui s'allonge, et je me dessèche comme l'herbe.
13 Mais toi, Yahweh, tu es assis sur un trône éternel, et ta mémoire vit d'âge en âge.
14 Tu te lèveras, tu auras pitié de Sion, car le temps de lui faire grâce, le moment fixé est venu.
15 Car tes serviteurs en chérissent les pierres, ils s'attendrissent sur sa poussière.
16 Alors les nations révéreront le nom de Yahweh, et tous les rois de la terre ta majesté,
17 parce que Yahweh a rebâti Sion ; il s'est montré dans sa gloire.
18 Il s'est tourné vers la prière du misérable, il n'a pas dédaigné sa supplication.
19 Que cela soit écrit pour la génération future, et que le peuple qui sera créé célèbre Yahweh,
20 parce qu'il a regardé de sa sainte hauteur, parce que Yahweh a regardé des cieux sur la terre,
21 pour écouter les gémissements des captifs, pour délivrer ceux qui sont voués à la mort,
22 afin qu'ils publient dans Sion le nom de Yahweh, et sa louange dans Jérusalem,
23 quand s'assembleront tous les peuples, et les royaumes pour servir Yahweh.
24 Il a brisé ma force sur le chemin, il a abrégé mes jours.
25 Je dis : Mon Dieu, ne m'enlève pas au milieu de mes jours, toi, dont les années durent d'âge en âge.
26 Au commencement tu as fondé la terre, et les cieux sont

l'ouvrage de tes mains.
27 Ils périront, mais toi, tu subsistes. Ils s'useront tous comme un vêtement ; tu les changeras comme un manteau, et ils seront changés :
28 mais toi, tu restes le même, et tes années n'ont point de fin.
29 Les fils de tes serviteurs habiteront leur pays, et leur postérité sera stable devant toi.

Psaume 103

1 *De David.*
Mon âme, bénis Yahweh, et que tout ce qui est en moi bénisse son saint nom !
2 Mon âme, bénis Yahweh, et n'oublie pas ses nombreux bienfaits.
3 C'est lui qui pardonne toutes tes iniquités, qui guérit toutes tes maladies ;
4 C'est lui qui délivre ta vie de la fosse, qui te couronne de bonté et de miséricorde.
5 C'est lui qui comble de biens tes désirs ; et ta jeunesse renouvelée a la vigueur de l'aigle.
6 Yahweh exerce la justice, il fait droit à tous les opprimés.
7 Il a manifesté ses voies à Moïse, ses grandes œuvres aux enfants d'Israël.
8 Yahweh est miséricordieux et compatissant, lent à la colère et riche en bonté.
9 Ce n'est pas pour toujours qu'il réprimande, il ne garde pas à jamais sa colère.
10 Il ne nous traite pas selon nos péchés, et ne nous châtie pas selon nos iniquités.
11 Car autant les cieux sont élevés au-dessus de la terre, autant sa bonté est grande envers ceux qui le craignent.
12 Autant l'orient est loin de l'occident, autant il éloigne de nous nos transgressions.

13 Comme un père a compassion de ses enfants, Yahweh a compassion de ceux qui le craignent.
14 Car il sait de quoi nous sommes formés, il se souvient que nous sommes poussière.
15 L'homme ! Ses jours sont comme l'herbe, il fleurit comme la fleur des champs.
16 Qu'un souffle passe sur lui, il n'est plus, et le lieu qu'il occupait ne le connaît plus.
17 Mais la bonté de Yahweh dure à jamais pour ceux qui le craignent, et sa justice pour les enfants de leurs enfants,
18 pour ceux qui gardent son alliance, et se souviennent de ses commandements pour les observer.
19 Yahweh a établi son trône dans les cieux, et son empire s'étend sur toutes choses.
20 Bénissez Yahweh, vous ses anges, qui êtes puissants et forts, et qui exécutez ses ordres, en obéissant à la voix de sa parole.
21 Bénissez Yahweh vous toutes ses armées, qui êtes ses serviteurs et qui exécutez sa volonté !
22 Bénissez Yahweh, vous toutes, ses œuvres, dans tous les lieux de sa domination !
Mon âme, bénis Yahweh !

Psaume 104

1 Mon âme, bénis Yahweh ! Yahweh, mon Dieu, tu es infiniment grand, Tu es revêtu de majesté et de splendeur !
2 Il s'enveloppe de lumière comme d'un manteau, il déploie les cieux comme une tente.
3 Dans les eaux du ciel il bâtit sa demeure, des nuées il fait son char, il s'avance sur les ailes du vent,
4 des vents il fait ses messagers, des flammes de feu ses serviteurs.
5 Il a affermi la terre sur ses bases : elle est à jamais inébran-

lable.

6 Tu l'avais enveloppée de l'abîme comme d'un vêtement ; les eaux recouvraient les montagnes.

7 Elles s'enfuirent devant ta menace ; au bruit de ton tonnerre, elles reculèrent épouvantées.

8 Les montagnes surgirent, les vallées se creusèrent, au lieu que tu leur avais assigné.

9 Tu poses une limite que les eaux ne franchiront plus ; elles ne reviendront plus couvrir la terre.

10 Il envoie les sources dans les vallées ; elles s'écoulent entre les montagnes.

11 Elles abreuvent tous les animaux des champs, les onagres viennent y étancher leur soif.

12 Les oiseaux du ciel habitent sur leurs bords, et font résonner leur voix dans le feuillage.

13 De sa haute demeure il arrose les montagnes ; la terre se rassasie du fruit de tes œuvres.

14 Il fait croître l'herbe pour les troupeaux, et les plantes pour l'usage de l'homme ; il tire le pain du sein de la terre,

15 et le vin qui réjouit le cœur de l'homme ; il lui donne l'huile qui brille sur sa face, et le pain qui affermit son cœur.

16 Les arbres de Yahweh sont pleins de sève, et les cèdres du Liban qu'il a plantés.

17 C'est là que les oiseaux font leurs nids, et la cigogne qui habite dans les cyprès.

18 Les montagnes élevées sont pour les chamois, les rochers sont l'abri des gerboises.

19 Il a fait la lune pour marquer les temps, et le soleil qui connaît l'heure de son coucher.

20 Il amène les ténèbres, et il est nuit ; aussitôt se mettent en mouvement toutes les bêtes de la forêt.

21 Les lionceaux rugissent après la proie, et demandent à Dieu leur nourriture.

22 Le soleil se lève : ils se retirent, et se couchent dans leurs tanières.

23 L'homme sort alors pour sa tâche, et pour son travail

jusqu'au soir.

24 Que tes œuvres sont nombreuses, Yahweh ! Tu les as toutes faites avec sagesse ; la terre est remplie de tes biens.
25 Voici la mer, large et vaste : là fourmillent sans nombre des animaux petits et grands ;
26 là se promènent les navires, et le léviathan que tu as formé pour se jouer dans les flots.
27 Tous attendent de toi que tu leur donnes la nourriture en son temps.
28 Tu la leur donnes, et ils la recueillent ; tu ouvres ta main, et ils se rassasient de tes biens.
29 Tu caches ta face : ils sont dans l'épouvante ; tu leur retire le souffle : ils expirent, et retournent dans leur poussière.
30 Tu envoies ton soufflé : ils sont créés, et tu renouvelles la face de la terre.
31 Que la gloire de Yahweh subsiste à jamais ! Que Yahweh se réjouisse de ses œuvres !
32 Il regarde la terre et elle tremble ; il touche les montagnes, et elles fument.
33 Je veux chanter Yahweh tant que je vivrai, célébrer mon Dieu tant que j'existerai.
34 Puisse mon cantique lui être agreeable ! Moi, je mets ma joie en Yahweh.
35 Que les pécheurs disparaissent de la terre, et que les méchants ne soient plus !
Mon âme, bénis Yahweh ! Alleluia !

Psaume 105

1 Célébrez Yahweh, invoquez son nom, faites connaître parmi les nations ses grandes œuvres.
2 Chantez-le, célébrez-le ! Proclamez toutes ses merveilles.
3 Glorifiez-vous de son saint nom ; joyeux soit le cœur de ceux qui cherchent Yahweh !

4 Cherchez Yahweh et sa force, ne cessez pas de chercher sa face.
5 Souvenez-vous des merveilles qu'il a opérées, de ses prodiges et des jugements sortis de sa bouche,
6 race d'Abraham, son serviteur, enfants de Jacob, ses élus.
7 Lui, Yahweh, est notre Dieu ! Ses jugements atteignent toute la terre.
8 Il se souvient éternellement de son alliance, de la parole qu'il a affirmée pour mille générations,
9 de l'alliance qu'il a contractée avec Abraham, et du serment qu'il a fait à Isaac.
10 Il l'a érigé pour Jacob en loi, pour Israël en alliance éternelle,
11 disant : « Je te donnerai le pays de Canaan comme la part de ton héritage. »
12 Comme ils étaient alors en petit nombre, peu nombreux et étrangers dans le pays,
13 qu'ils allaient d'une nation à l'autre, et d'un royaume vers un autre peuple,
14 il ne permit à personne de les opprimer, et il châtia les rois à cause d'eux :
15 « Ne touchez pas à mes oints, et ne faites pas de mal à mes prophètes ! »
16 Il appela la famine sur le pays, il les priva du pain qui les soutenait.
17 Il envoya devant eux un homme : Joseph fut vendu comme esclave.
18 On serra ses pieds dans des liens, on le jeta dans les fers,
19 jusqu'au jour où s'accomplit sa prédiction, et où la parole de Dieu le justifia.
20 Le roi envoya ôter ses liens, le souverain des peuples le mit en liberté.
21 Il l'établit seigneur sur sa maison, et gouverneur de tous ses domaines,
22 afin de lier les princes, selon son gré, et pour enseigner la sagesse à ses anciens.

23 Alors Israël vint en Egypte, et Jacob séjourna dans le pays de Cham.
24 Dieu accrut grandement son peuple, et le rendit plus puissant que ses oppresseurs.
25 Il changea leur cœur, au point qu'ils haïrent son peuple, et usèrent de perfidie envers ses serviteurs.
26 Il envoya Moïse, son serviteur, et Aaron qu'il avait choisi.
27 Ils accomplirent ses prodiges parmi eux, ils firent des miracles dans le pays de Cham.
28 Il envoya des ténèbres et il fit la nuit, et ils ne furent pas rebelles à sa parole.
29 Il changea leurs eaux en sang, et fit périr leurs poissons.
30 Leur pays fourmilla de grenouilles, jusque dans les chambres de leurs rois.
31 Il dit, et vint une nuée d'insectes, des moucherons sur tout leur territoire.
32 Il leur donna pour pluie de la grêle, des flammes de feu dans leur pays.
33 Il frappa leurs vignes et leurs figuiers, et brisa les arbres de leur contrée.
34 Il dit, et arriva la sauterelle, des sauterelles sans nombre ;
35 elles dévorèrent toute l'herbe de leur pays, elles dévorèrent les produits de leurs champs.
36 Il frappa tous les premiers-nés de leurs pays, les prémices de toute leur vigueur.
37 Il fit sortir son peuple avec de l'argent et de l'or, et nul dans ses tribus ne chancela.
38 Les Egyptiens se réjouirent de leur départ, car la crainte d'Israël les avait saisis.
39 Il étendit la nuée pour les couvrir, et le feu pour les éclairer la nuit.
40 À leur demande, il fit venir des cailles, et il les rassasia du pain du ciel.
41 Il ouvrit le rocher, et des eaux jaillirent ; elles coulèrent comme un fleuve dans le désert.
42 Car il se souvint de sa parole sainte, d'Abraham, son ser-

viteur.
43 Il fit sortir son peuple dans l'allégresse, ses élus au milieu des cris de joie.
44 Il leur donna les terres des nations, et ils possédèrent le fruit du travail des peuples,
45 à la condition de garder ses préceptes, et d'observer ses lois. Alleluia !

Psaume 106

1 Alleluia !
Célébrez Yahweh, car il est bon, car sa miséricorde est éternelle.
2 Qui dira les hauts faits de Yahweh ! Qui publiera toute sa gloire ?
3 Heureux ceux qui observent la loi, qui accomplissent la justice en tout temps !
4 Souviens-toi de moi, Yahweh, dans ta bonté pour ton peuple, visite-moi avec ton secours,
5 afin que je voie le bonheur de tes élus, que je me réjouisse de la joie de ton peuple, et que je me glorifie avec ton héritage.
6 Nous avons péché comme nos pères, nous avons commis l'iniquité, nous avons fait le mal.
7 Nos pères en Egypte n'eurent pas d'égard à tes prodiges, ils ne se souvinrent pas de la multitude de tes grâces, ils se sont révoltés à la mer, à la mer Rouge.
8 Il les sauva pourtant à cause de son nom, pour faire éclater sa puissance.
9 Il menaça la mer Rouge, et elle se desséca ; et il les fit marcher à travers l'abîme comme dans un désert.
10 Il les sauva de la main de celui qui les haïssait, il les délivra de la main de l'oppresseur.
11 Les flots couvrirent leurs adversaires, pas un seul n'échap-

pa.
12. Ils crurent alors à ses paroles, ils chantèrent ses louanges.
13. Mais ils oublièrent bientôt ses œuvres, ils n'attendirent pas qu'il exécutât ses desseins.
14. Ils furent pris de convoitise dans le désert, et ils tentèrent Dieu dans la solitude.
15. Il leur accorda ce qu'ils demandaient, mais il les frappa de consomption.
16. Puis ils furent jaloux de Moïse dans le camp, et d'Aaron, le saint de Yahweh.
17. La terre s'ouvrit et engloutit Dathan, et elle se referma sur la troupe d'Abiron ;
18. le feu dévora leur troupe, la flamme consuma les méchants.
19. Ils firent un veau au mont Horeb, ils se prosternèrent devant une image de métal fondu ;
20. Ils échangèrent leur gloire contre la figure d'un bœuf qui mange l'herbe.
21. Ils oublièrent Dieu, leur sauveur, qui avait fait de grandes choses en Egypte,
22. des miracles dans le pays de Cham, des prodiges à la mer Rouge.
23. Il parlait de les exterminer, si Moïse, son élu, ne se fût tenu sur la brèche devant lui, pour empêcher sa colère de les détruire.
24. Ils dédaignèrent la terre de délices, ils ne crurent pas à la parole de Yahweh ;
25. ils murmurèrent dans leurs tentes, et n'obéirent pas à sa voix.
26. Alors il leva la main contre eux, jurant de les faire périr dans le désert,
27. de faire périr leur race parmi les nations, et de les disperser en d'autres contrées.
28. Ils s'attachèrent à Béelphégor et mangèrent des victimes offertes aux morts.
29. Ils irritèrent Yahweh par leurs actions, et un fléau fit irruption parmi eux.

30 Phinées se leva et donna satisfaction, et le fléau fut arrêté.
31 Cette action fut imputée à justice, d'âge en âge, à jamais.
32 Ils irritèrent Yahweh aux eaux de Mériba, et Moïse eut à souffrir à cause d'eux ;
33 car ils aigrirent son esprit, et il prononça des paroles inconsidérées.
34 Ils n'exterminèrent point les peuples que Yahweh leur avait ordonné de détruire.
35 Ils se mêlèrent aux nations, et ils apprirent leurs œuvres.
36 Ils servirent leurs idoles, qui furent pour eux un piège.
37 Ils immolèrent leurs fils et leurs filles aux démons.
38 Ils versèrent le sang innocent, le sang de leurs fils et de leurs filles, qu'ils sacrifiaient aux idoles de Chanaan ; et le pays fut profané par des meurtres.
39 Ils se souillèrent par leurs œuvres, ils se prostituèrent par leurs actions.
40 La colère de Yahweh s'alluma contre son peuple, et il prit en horreur son héritage.
41 Il les livra entre les mains des nations, ceux qui les haïssaient dominèrent sur eux.
42 Leurs ennemis les opprimèrent, et ils furent humiliés sous leur main.
43 Bien des fois il les délivra, mais ils furent rebelles dans leurs desseins, et se perdirent par leurs iniquités.
44 Néanmoins, il regarda leur détresse, lorsqu'il entendit leurs supplications.
45 Il se souvint en leur faveur de son alliance, il eut pitié d'eux selon sa grande bonté,
46 et il en fit l'objet de ses miséricordes, devant tous ceux qui les tenaient captifs.
47 Sauve-nous Yahweh, notre Dieu, et rassemble-nous du milieu des nations, afin que nous célébrions ton saint nom, et que nous mettions notre gloire à te louer.
48 Béni soit Yahweh, Dieu d'Israël, d'éternité en éternité ! Et que tout le peuple dise : Amen ! Alleluia !

Psaume 107

1. Célébrez Yahweh, car il est bon, car sa miséricorde est éternelle.
2. Qu'ainsi disent les rachetés de Yahweh, ceux qu'il a rachetés des mains de l'ennemi,
3. et qu'il a rassemblés de tous les pays, de l'orient et de l'occident, du nord et de la mer !
4. Ils erraient dans le désert, dans un chemin solitaire, sans trouver une ville à habiter.
5. En proie à la faim, à la soif, ils sentaient leur âme défaillir.
6. Dans leur détresse, ils crièrent vers Yahweh, et il les délivra de leurs angoisses.
7. Il les mena par le droit chemin, pour les faire arriver à une ville habitable.
8. Qu'ils louent Yahweh pour sa bonté, et pour ses merveilles en faveur du fils de l'homme.
9. Car il a désaltéré l'âme altérée, et comblé de biens l'âme affamée.
10. Ils habitaient les ténèbres et l'ombre de la mort, prisonniers dans la souffrance et dans les fers.
11. Parce qu'ils s'étaient révoltés contre les oracles du Dieu, et qu'ils avaient méprisé le conseil du Très-Haut,
12. il humilia leur cœur par la souffrance ; ils s'affaissèrent, et personne ne les secourut.
13. Dans leur détresse, ils crièrent vers Yahweh, et il les sauva de leurs angoisses.
14. Il les tira des ténèbres et de l'ombre de la mort, et il brisa leurs chaînes.
15. Qu'ils louent Yahweh pour sa bonté, et pour ses merveilles en faveur des fils de l'homme.
16. Car il a brisé les portes d'airain et mis en pièces les verrous de fer.
17. Les insensés ! Par leur conduite criminelle, et par leurs iniquités, ils avaient attiré sur eux la souffrance.

18 Leur âme avait en horreur toute nourriture, et ils touchaient aux portes de la mort.
19 Dans leur détresse, ils crièrent vers Yahweh, et il les sauva de leurs angoisses.
20 Il envoya sa parole et il les guérit, et il les fit échapper de leurs tombeaux.
21 Qu'ils louent Yahweh pour sa bonté, et pour ses merveilles en faveur des fils de l'homme !
22 Qu'ils offrent des sacrifices d'actions de grâce, et qu'ils publient ses œuvres avec des cris de joie !
23 Ils étaient descendus sur la mer dans des navires, pour faire le négoce sur les vastes eaux :
24 — ceux là ont vu les œuvres de Yahweh, et ses merveilles au milieu de l'abîme —
25 Il dit, et il fit lever un vent de tempête, qui souleva les flots de la mer.
26 Ils montaient jusqu'aux cieux, ils descendaient dans les abîmes ; leur âme défaillait dans la peine.
27 Saisis de vertige, ils chancelaient comme un homme ivre, et toute leur sagesse était anéantie.
28 Dans leur détresse, ils crièrent vers Yahweh, et il les tira de leurs angoisses.
29 Il changea l'ouragan en brise légère, et les vagues de la mer se turent.
30 Ils se réjouirent en les voyant apaisées, et Yahweh les conduisit au port désiré.
31 Qu'ils louent Yahweh pour sa bonté, et pour ses merveilles en faveur des fils de l'homme !
32 Qu'ils l'exaltent dans l'assemblée du peuple, et qu'ils le célèbrent dans le conseil des anciens !
33 Il a changé les fleuves en désert, et les sources d'eau en sol aride ;
34 le pays fertile en plaine de sel, à cause de la méchanceté de ses habitants.
35 Il a fait du désert un bassin d'eau, et de la terre aride un sol plein de sources.

36 Il y établit les affamés, et ils fondèrent une ville pour l'habiter.
37 Ils ensemencèrent des champs, et ils plantèrent des vignes, et ils recueillirent d'abondantes récoltes.
38 Il les bénit, et ils se multiplièrent beaucoup, et il ne laissa pas diminuer leurs troupeaux.
39 Ils avaient été réduits à un petit nombre et humiliés, sous l'accablement du malheur et de la souffrance.
40 Il avait répandu la honte sur leurs princes, il les avait fait errer dans des déserts sans chemins.
41 Mais il a relevé le malheureux de la misère, et il a rendu les familles pareilles à des troupeaux.
42 Les hommes droits le voient et se réjouissent, et tous les méchants ferment la bouche.
43 Que celui qui est sage prenne garde à ces choses, et qu'il comprenne les bontés de Yahweh !

Psaume 108

1 *Cantique. Psaume de David.*
2 Mon cœur est affermi, ô Dieu, je chanterai et ferai retentir de joyeux instruments. Debout, ma gloire !
3 Éveillez-vous, ma lyre et ma harpe ! Que j'éveille l'aurore !
4 Je te louerai parmi les peuples, Yahweh, je te chanterai parmi les nations.
5 Car ta bonté s'élève au-dessus des cieux, et ta fidélité jusqu'aux nues.
6 Élève-toi au-dessus des cieux, ô Dieu ; que ta gloire brille sur toute la terre !
7 Afin que tes bien-aimés soient délivrés, sauve par ta droite et exauce-moi.
8 Dieu a parlé dans sa sainteté : « Je tressaillirai de joie ! J'aurai Sichem en partage, je mesurerai la vallée de Succoth.
9 Galaad est à moi, à moi Manassé ; Ephraïm est l'armure de

ma tête, et Judas mon sceptre.
10 Moab est le bassin où je me lave ; sur Edom je jette ma sandale ; sur la terre des Philistins je pousse des cris de joie. »
11 Qui me mènera à la ville forte ! Qui me conduira à Edom ?
12 N'est-ce pas toi, ô Dieu, qui nous avais rejetés, ô Dieu qui ne sortais plus avec nos armées ?
13 Prête-nous ton secours contre l'oppresseur ! Le secours de l'homme n'est que vanité.
14 Avec Dieu nous accomplirons des exploits ; il écrasera nos ennemis.

Psaume 109

1 *Au maître de chant. Psaume de David.*
Dieu de ma louange, ne garde pas le silence !
2 Car la bouche du méchant, la bouche du perfide, s'ouvre contre moi. Ils parlent contre moi avec une langue de mensonge,
3 ils m'assiègent de paroles haineuses, et ils me font la guerre sans motif.
4 En retour de mon affection, ils me combattent, et moi, je ne fais que prier.
5 Ils me rendent le mal pour le bien, et la haine pour l'amour.
6 Mets-le au pouvoir d'un méchant, et que l'accusateur se tienne à sa droite !
7 Quand on le jugera, qu'il sorte coupable, et que sa prière soit réputée péché !
8 Que ses jours soient abrégés, et qu'un autre prenne sa charge !
9 Que ses enfants deviennent orphelins, que son épouse soit veuve !
10 Que ses enfants soient vagabonds et mendiants, cherchant leur pain loin de leurs maisons en ruines !

11 Que le créancier s'empare de tout ce qui est à lui, et que les étrangers pillent ce qu'il a gagné par son travail !
12 Qu'il n'ait personne qui lui garde son affection, que nul n'ait pitié de ses orphelins !
13 Que ses descendants soient voués à la ruine, et que leur nom soit effacé à la seconde génération !
14 Que l'iniquité de ses pères reste en souvenir devant Yahweh, et que la faute de leur mère ne soit point effacée !
15 Qu'elles soient toujours devant Yahweh, et qu'il retranche de la terre leur mémoire !
16 Parce qu'il ne s'est pas souvenu d'exercer la miséricorde, parce qu'il a persécuté le malheureux et l'indigent, et l'homme au cœur brisé pour le faire mourir.
17 Il aimait la malediction : elle tombe sur lui ; il dédaignait la bénédiction : elle s'éloigne de lui !
18 Il s'est revêtu de malédiction comme d'un vêtement ; comme l'eau elle entre au-dedans de lui, et comme l'huile elle pénètre dans ses os.
19 Qu'elle soit pour lui le vêtement qui l'enveloppe, la ceinture qui ne cesse de l'entourer !
20 Tel soit, de la part de Yahweh le salaire de mes adversaires, et de ceux qui parlent méchamment contre moi.
21 Et toi, Seigneur Yahweh, prends ma défense à cause de ton nom ; dans ta grande bonté, délivre-moi.
22 Car je suis malheureux et indigent, et mon cœur est blessé au-dedans de moi.
23 Je m'en vais comme l'ombre à son déclin, je suis emporté comme la sauterelle.
24 À force de jeûne mes genoux chancellent, et mon corps est épuisé de maigreur.
25 Je suis pour eux un objet d'opprobre ; ils me regardent et branlent de la tête.
26 Secours-moi, Yahweh, mon Dieu ! Sauve-moi, dans ta bonté !
27 Qu'ils sachent que c'est ta main, que c'est toi, Yahweh, qui l'a fait !

28 Eux, ils maudissent ; mais toi, tu béniras ; ils se lèvent, mais ils seront confondus, et ton serviteur sera dans la joie.

29 Mes adversaires seront revêtus d'ignominie, ils seront enveloppés de leur honte comme d'un manteau.

30 Mes lèvres loueront hautement Yahweh ; je le célébrerai au milieu de la multitude ;

31 car il se tient à la droite du pauvre, pour le sauver de ceux qui le condamnent.

Psaume 110

1 *Psaume de David.*
Yahweh a dit à mon Seigneur : « Assieds-toi à ma droite, jusqu'à ce que je fasse de tes ennemis l'escabeau de tes pieds. »

2 Yahweh étendra de Sion le sceptre de ta puissance : Règne en maître au milieu de tes ennemis !

3 Ton peuple accourt à toi au jour où tu rassembles ton armée, avec des ornements sacrés ; du sein de l'aurore vient à toi la rosée de tes jeunes guerriers.

4 Le Seigneur l'a juré, il ne s'en repentira point : « Tu es prêtre pour toujours à la manière de Melchisédech. »

5 Le Seigneur, est à droite, il brisera les rois au jour de sa colère.

6 Il exerce son jugement parmi les nations : tout est rempli de cadavres ; il brise les têtes de la terre entière.

7 Il boit au torrent sur le chemin, c'est pourquoi il relève la tête.

Psaume 111

1 Alleluia !
ALEPH.
Je veux louer Yahweh de tout mon cœur,
BETH.
dans la réunion des justes et dans l'assemblée.
2 *GHIMEL.*
Grandes sont les œuvres de Yahweh,
DALETH.
recherchées pour toutes les délices qu'elles procurent.
3 *HÉ.*
Son œuvre n'est que splendeur et magnificence,
VAV.
et sa justice subsiste à jamais.
4 *ZAÏN.*
Il a laissé un souvenir de ses merveilles ;
HETH.
Yahweh est miséricordieux et compatissant.
5 *TETH.*
Il a donné une nourriture à ceux qui le craignent ;
YOD.
il se souvient pour toujours de son alliance.
6 *CAPH.*
Il a manifesté à son peuple la puissance de ses œuvres,
LAMED.
en lui livrant l'héritage des nations.
7 *MEM.*
Les œuvres de ses mains sont vérité et justice,
NUN.
tous ses commandements sont immuables,
8 *SAMECH.*
affermis pour l'éternité,
AÏN.
faits selon la vérité et la droiture.
9 *PHÉ.*
Il a envoyé la délivrance à son peuple,

TSADÉ.
il a établi pour toujours son alliance ;
QOPH.
son nom est saint et redoutable.
10   *RESCH.*
La crainte de Yahweh est le commencement de la sagesse ;
SCHIN.
ceux-là sont vraiment intelligents, qui observent sa loi.
THAV.
Sa louange demeure à jamais.

Psaume 112

1 Alleluia !
ALEPH.
Heureux l'homme qui craint Yahweh,
BETH.
qui met toute sa joie à observer ses préceptes !
2   *GHIMEL.*
Sa postérité sera puissante sur la terre,
DALETH.
la race des justes sera bénie.
3   *HÉ.*
Il a dans sa maison bien-être et richesse,
VAV.
et sa justice subsiste à jamais.
4   *ZAÏN.*
La lumière se lève dans les ténèbres pour les hommes droits,
HETH.
pour celui qui est miséricordieux, compatissant et juste.
5   *TETH.*
Heureux l'homme qui exerce la miséricorde et qui prête :
YOD.
en justice il fait prévaloir sa cause.

6　　　　　　　　*CAPH.*
Car il ne sera jamais ébranlé ;
　　　　　　　　LAMED.
le juste laissera une mémoire éternelle.
7　　　　　　　　*MEM.*
Il ne craint pas les funestes nouvelles ;
　　　　　　　　NUN.
son cœur est ferme, confiant en Yahweh.
8　　　　　　　　*SAMECH.*
Son cœur est inébranlable, il ne craint pas,
　　　　　　　　AÏN.
jusqu'à ce qu'il voie ses ennemis abattus.
9　　　　　　　　*PHÉ.*
Il sème l'aumône, il donne à l'indigent ;
　　　　　　　　TSADÉ.
sa justice subsiste à jamais,
　　　　　　　　QOPH.
sa corne s'élève avec gloire.
10　　　　　　　　*RESCH.*
Le méchant le voit et s'irrite,
　　　　　　　　SCHIN.
il grince des dents et l'envie le consume :
　　　　　　　　THAV.
le désir des méchants périra.

Psaume 113

1 Alleluia !
Louez, serviteurs de Yahweh, louez le nom de Yahweh,
2 Que le nom de Yahweh soit béni, dès maintenant et à jamais !
3 Du lever du soleil jusqu'à son couchant, loué soit le nom de Yahweh !
4 Yahweh est élevé au-dessus de toutes les nations, sa gloire est au-dessus des cieux.

5 Qui est semblable à Yahweh, notre Dieu ? Il siège dans les hauteurs,
6 et il regarde en bas, dans les cieux et sur la terre.
7 Il relève le malheureux de la poussière, il retire le pauvre du fumier,
8 pour les faire asseoir avec les princes, avec les princes de son peuple.
9 Il donne une demeure à la stérile de la maison, il en fait une mère joyeuse au milieu de ses enfants. Alleluia !

Psaume 114

1 Quand Israël sortit d'Egypte, quand la maison de Jacob s'éloigna d'un peuple barbare,
2 Juda devint son sanctuaire, Israël son domaine.
3 La mer le vit et s'enfuit, le Jourdain retourna en arrière ;
4 les montagnes bondirent comme des béliers, les collines comme des agneaux.
5 Qu'as-tu, mer, pour t'enfuir ? Jourdain, pour retourner en arrière ?
6 Qu'avez-vous, montagnes, pour bondir comme des béliers, et vous, collines, comme des agneaux ?
7 Tremble, ô terre, devant la face du Seigneur, devant la face du Dieu de Jacob,
8 qui change le rocher en étang, le roc en source d'eaux.

Psaume 115

1 Non pas à nous, Yahweh, non pas à nous, mais à ton nom donne la gloire, à cause de ta bonté, à cause de ta fidélité !
2 Pourquoi les nations diraient-elles : « Où donc est leur Dieu ? »
3 Notre Dieu est dans le ciel ; tout ce qu'il veut, il le fait.

4 Leurs idoles sont de l'argent et de l'or, ouvrage de la main des hommes.
5 Elles ont une bouche, et ne parlent point ; elles ont des yeux, et ne voient point.
6 Elles ont des oreilles, et n'entendent point ; elles ont des narines, et ne sentent point.
7 Elles ont des mains, et ne touchent point ; elles ont des pieds, et ne marchent point ; de leur gosier elles ne font entendre aucun son.
8 Qu'ils leur ressemblent ceux qui les font, et quiconque se confie à elles !
9 Israël, mets ta confiance en Yahweh !
Il est leur secours et leur bouclier.
10 Maison d'Aaron, mets ta confiance en Yahweh !
Il est leur secours et leur bouclier.
11 Vous qui craignez Yahweh, mettez votre confiance en Yahweh ! Il est leur secours et leur bouclier.
12 Yahweh s'est souvenu de nous : il bénira !
Il bénira la maison d'Israël ; il bénira la maison d'Aaron ;
13 il bénira ceux qui craignent Yahweh, les petits avec les grands.
14 Que Yahweh multiplie sur vous ses faveurs, sur vous et sur vos enfants !
15 Soyez bénis de Yahweh, qui a fait les cieux et la terre !
16 Les cieux sont les cieux de Yahweh, mais il a donné la terre aux fils de l'homme.
17 Ce ne sont pas les morts qui louent Yahweh, ceux qui descendent dans le lieu du silence ;
18 mais nous, nous bénirons Yahweh, dès maintenant et à jamais. Alleluia !

PSAUTIER

Psaume 116

1. Je l'aime, car Yahweh entend ma voix, mes supplications.
2. Car il a incliné vers moi son oreille, et toute ma vie je l'invoquerai.
3. Les liens de la mort m'entouraient, et les angoisses du schéol m'avaient saisi ; j'étais en proie à la détresse et à l'affliction.
4. Et j'ai invoqué le nom de Yahweh : « Yahweh, sauve mon âme ! »
5. Yahweh est miséricordieux et juste, notre Dieu est compatissant.
6. Yahweh garde les faibles ; j'étais malheureux, et il m'a sauvé.
7. Mon âme, retourne à ton repos ; car Yahweh te comble de biens.
8. Oui, tu as sauvé mon âme de la mort, mon œil des larmes, mes pieds de la chute.
9. Je marcherai encore devant Yahweh, dans la terre des vivants.
10. J'ai confiance, alors même que je dis : « je suis malheureux à l'excès. »
11. Je disais dans mon abatement : « Tout homme est menteur. »
12. Que rendrai-je à Yahweh pour tous ses bienfaits à mon égard !
13. J'élèverai la coupe du salut, et j'invoquerai le nom de Yahweh.
14. J'accomplirai mes vœux envers Yahweh en présence de tout son peuple.
15. Elle a du prix aux yeux de Yahweh, la mort de ses fidèles.
16. Ah ! Yahweh, parce que je suis ton serviteur, ton serviteur, fils de ta servante : tu as détaché mes liens.
17. Je t'offrirai un sacrifice d'actions de grâces, et j'invoquerai le nom de Yahweh.

18 J'accomplirai mes vœux envers Yahweh, en présence de tout son peuple,
19 dans les parvis de la maison de Yahweh, dans ton enceinte, Jérusalem. Alleluia !

Psaume 117

1 Nations, louez toutes Yahweh ; peuples, célébrez-le tous !
2 Car sa bonté pour nous est grande, et la vérité de Yahweh subsiste à jamais. Alleluia !

Psaume 118

- Au départ de la procession -
1 Célébrez Yahweh, car il est bon, car sa miséricorde est éternelle.
2 Qu'Israël dise : « Oui, sa miséricorde est éternelle ! »
3 Que la maison d'Aaron dise : « Oui, sa miséricorde est éternelle ! »
4 Que ceux qui craignent Yahweh dissent : « Oui, sa miséricorde est éternelle ! »
- Pendant le trajet -
5 Du sein de ma détresse j'ai invoqué Yahweh : Yahweh m'a exaucé et m'a mis au large.
6 Yahweh est pour moi, je ne crains rien : que peuvent me faire des hommes ?
7 Yahweh est pour moi parmi ceux qui me secourent ; je verrai la ruine de ceux qui me haïssent.
8 Mieux vaut chercher un refuge en Yahweh, que de se confier aux hommes.
9 Mieux vaut chercher un refuge en Yahweh, que de se confier aux princes.
10 Toutes les nations m'environnaient : au nom de Yahweh, je

les taille en pièces.
11. Elles m'environnaient et m'enveloppaient : au nom de Yahweh, je les taille en pièces.
12. Elles m'environnaient comme des abeilles : elles s'éteignent comme un feu d'épines ; au nom de Yahweh, je les taille en pièces.
13. Tu me poussais violemment pour me faire tomber, mais Yahweh m'a secouru.
14. Yahweh est ma force et l'objet de mes chants ; il a été mon salut.
15. Des cris de triomphe et de délivrance retentissent dans les tentes des justes. La droite de Yahweh a déployé sa force ;
16. la droite de Yahweh est élevée, la droite de Yahweh a déployé sa force.
17. Je ne mourrai pas, je vivrai, et je raconterai les œuvres de Yahweh.
18. Yahweh m'a durement châtié, mais il ne m'a pas livré à la mort.

- Le chef, arrivé devant le temple -

19. Ouvrez-moi les portes de la justice, afin que j'entre et que je loue Yahweh.

- Les prêtres -

20. C'est la porte de Yahweh ; les justes peuvent y entrer.

- Le chef du peuple -

21. Je te célébrerai, parce que tu m'as exaucé, et que tu as été mon salut.
22. La pierre rejetée par ceux qui bâtissaient est devenue la pierre angulaire.

- Les prêtres -

23. C'est l'œuvre de Yahweh, c'est une chose merveilleuse à nos yeux.

- Le peuple, en entrant -

24. Voici le jour que Yahweh a fait ; livrons-nous à l'allégresse et à la joie.
25. Ô Yahweh, donne le salut ! Ô Yahweh, donne la prospérité !

- Les prêtres, au chef -
26 Béni soit celui qui vient au nom de Yahweh ! Nous vous bénissons de la maison de Yahweh !
27 Yahweh est Dieu, il fait briller sur nous la lumière.
- Les prêtres, au peuple -
Attachez la victime avec des liens, jusqu'aux cornes de l'autel.
- Le peuple -
28 Tu es mon Dieu, et je te célébrerai ; mon Dieu, et je t'exalterai.
- Tous ensemble -
29 Célébrez Yahweh, car il est bon, car sa miséricorde est éternelle.

Psaume 119

ALEPH.
1 Heureux ceux qui sont irréprochables dans leur voie, qui marchent selon la loi de Yahweh !
2 Heureux ceux qui gardent ses enseignements, qui le cherchent de tout leur cœur,
3 qui ne commettent pas l'iniquité et qui marchent dans ses voies !
4 Tu as prescrit tes ordonnances, pour qu'on les observe avec soin.
5 Puissent mes voies être dirigées, pour que j'observe tes lois !
6 Alors je n'aurai point à rougir, à la vue de tous tes commandements.
7 Je te louerai dans la droiture de mon cœur, en apprenant les préceptes de ta justice.
8 Je veux garder tes lois : ne me délaisse pas complètement.
BETH.
9 Comment le jeune homme rendra-t-il pur son sentier ? En se gardant selon ta parole.

10 Je te cherche de tout mon cœur : ne me laisse pas errer loin de tes commandements.
11 Je garde ta parole cachée dans mon cœur, afin de ne pas pécher contre toi.
12 Béni sois-tu, Yahweh ! Enseigne-moi tes lois.
13 De mes lèvres j'énumère tous les préceptes de ta bouche.
14 J'ai de la joie à suivre tes enseignements, comme si je possédais tous les trésors.
15 Je veux méditer tes ordonnances, avoir les yeux sur tes sentiers.
16 Je fais mes délices de tes lois, je n'oublierai pas ta parole.

GHIMEL.

17 Use de bonté envers ton serviteur, afin que je vive, et j'observerai ta parole.
18 Ouvre mes yeux, pour que je contemple les merveilles de ta loi.
19 Je suis un étranger sur la terre : ne me cache pas tes commandements.
20 Mon âme est brisée par le désir, qui toujours la porte vers tes préceptes.
21 Tu menaces les orgueilleux, ces maudits, qui s'égarent loin de tes commandements.
22 Éloigne de moi la honte et le mépris, car j'observe tes enseignements.
23 Que les princes siègent et parlent contre moi : ton serviteur méditera tes lois.
24 Oui, tes enseignements font mes délices, ce sont les hommes de mon conseil.

DALETH.

25 Mon âme est attachée à la poussière : rends-moi la vie, selon ta parole !
26 Je t'ai exposé mes voies, et tu m'as répondu : enseigne-moi tes lois.
27 Fais-moi comprendre la voie de tes ordonnances, et je méditerai sur tes merveilles.
28 Mon âme, attristée, se fond en larmes : relève-moi selon ta

parole.

29 Eloigne de moi la voie du mensonge, et accorde-moi la faveur de ta loi.
30 J'ai choisi la voie de la fidélité, je place tes préceptes sous mes yeux.
31 Je me suis attaché à tes enseignements : Yahweh, ne permets pas que je sois confondu.
32 Je cours dans la voie de tes commandements, car tu élargis mon cœur.

HÉ.

33 Enseigne-moi, Yahweh, la voie de tes préceptes, afin que je la garde jusqu'à la fin de ma vie.
34 Donne-moi l'intelligence pour que je garde ta loi, et que je l'observe de tout mon cœur.
35 Conduis-moi dans le sentier de tes commandements, car j'y trouve le bonheur.
36 Incline mon cœur vers tes enseignements, et non vers le gain.
37 Détourne mes yeux pour qu'ils ne voient point la vanité, fais-moi vivre dans ta voie.
38 Accomplis envers ton serviteur ta promesse, que tu as faite à ceux qui te craignent.
39 Écarte de moi l'opprobre que je redoute, car tes préceptes sont bons.
40 Je désire ardemment pratiquer tes ordonnances : par ta justice, fais-moi vivre.

VAV.

41 Que vienne sur moi ta miséricorde, Yahweh, et ton salut, selon ta parole !
42 Et je pourrai répondre à celui qui m'outrage, car je me confie en ta parole.
43 N'ôte pas entièrement de ma bouche la parole de vérité, car j'espère en tes préceptes.
44 Je veux garder ta loi constamment, toujours et à perpétuité.
45 Je marcherai au large, car je recherche tes ordonnances.
46 Je parlerai de tes enseignements devant les rois, et je n'aurai

point de honte.
47 Je ferai mes délices de tes commandements, car je les aime.
48 J'élèverai mes mains vers tes commandements que j'aime, et je méditerai tes lois.

ZAÏN.

49 Souviens-toi de la parole donnée à ton serviteur, sur laquelle tu fais reposer mon espérance.
50 C'est ma consolation dans la misère, que ta parole me rende la vie.
51 Des orgueilleux me prodiguent leurs railleries : je ne m'écarte point de ta loi.
52 Je pense à tes préceptes des temps passés, Yahweh, et je me console.
53 L'indignation me saisit à cause des méchants, qui abandonnent ta loi.
54 Tes lois sont le sujet de mes cantiques, dans le lieu de mon pèlerinage.
55 La nuit je me rappelle ton nom, Yahweh, et j'observe ta loi.
56 Voici la part qui m'est donnée : je garde tes ordonnances.

HETH.

57 Ma part, Yahweh, je le dis, c'est de garder tes paroles.
58 Je t'implore de tout mon cœur ; aie pitié de moi selon ta parole.
59 Je réfléchis à mes voies, et je ramène mes pas vers tes enseignements.
60 Je me hâte, je ne diffère point d'observer tes commandements.
61 Les pièges des méchants m'environnent, et je n'oublie point ta loi.
62 Au milieu de la nuit, je me lève pour te louer, à cause des jugements de ta justice.
63 Je suis l'ami de tous ceux qui te craignent, et de ceux qui gardent tes ordonnances.
64 La terre est pleine de ta bonté, Yahweh : enseigne-moi tes lois.

TETH.

65 Tu as usé de bonté envers ton serviteur, Yahweh, selon ta parole.
66 Enseigne-moi le sens droit et l'intelligence, car j'ai foi en tes commandements.
67 Avant d'avoir été humilié, je m'égarais ; maintenant, j'observe ta parole.
68 Tu es bon et bienfaisant : enseigne-moi tes lois.
69 Des orgueilleux imaginent contre moi des mensonges ; moi, je garde de tout cœur tes ordonnances.
70 Leur cœur est insensible comme la graisse ; moi, je fais mes délices de ta loi.
71 Il m'est bon d'avoir été humilié, afin que j'apprenne tes préceptes.
72 Mieux vaut pour moi la loi de ta bouche ; que des monceaux d'or et d'argent.

YOD.

73 Ce sont tes mains qui m'ont fait et qui m'ont façonné : donne-moi l'intelligence pour apprendre tes commandements.
74 Ceux qui te craignent, en me voyant, se réjouiront, car j'ai confiance en ta parole.
75 Je sais, Yahweh, que tes jugements sont justes ; c'est dans ta fidélité que tu m'as humilié.
76 Que ta bonté soit ma consolation, selon ta parole donnée à ton serviteur !
77 Que ta compassion vienne sur moi, et que je vive, car ta loi fait mes délices !
78 Qu'ils soient confondus les orgueilleux qui me maltraitent injustement ! Moi, je médite tes ordonnances.
79 Qu'ils se tournent vers moi ceux qui te craignent, et ceux qui connaissent tes enseignements !
80 Que mon cœur soit tout entier à tes lois, afin que je ne sois pas confondu !

CAPH.

81 Mon âme languit après ton salut, j'espère en ta parole.

82 Mes yeux languissent après ta promesse, je dis : « Quand me consoleras-tu ? »
83 Car je suis comme une outre exposée à la fumée, mais je n'oublie pas tes lois.
84 Quel est le nombre des jours de ton serviteur ? Quand donc feras-tu justice de ceux qui me poursuivent ?
85 Des orgueilleux creusent des fosses pour me perdre ; ils sont les adversaires de ta loi.
86 Tous tes commandements sont fidélité ; ils me persécutent sans cause : secours-moi.
87 Ils ont failli m'anéantir dans le pays ; et moi je n'abandonne pas tes ordonnances.
88 Rends-moi la vie dans ta bonté, et j'observerai l'enseignement de ta bouche.

LAMED.

89 À jamais, Yahweh, ta parole est établie dans les cieux.
90 D'âge en âge ta fidélité demeure ; tu as fondé la terre, et elle subsiste.
91 C'est d'après tes lois que tout subsiste jusqu'à ce jour, car tout obéit à tes ordres.
92 Si ta loi ne faisait mes délices, déjà j'aurais péri dans ma misère.
93 Je n'oublierai jamais tes ordonnances, car c'est par elles que tu m'as rendu la vie.
94 Je suis à toi : sauve-moi, car je recherche tes préceptes.
95 Les méchants m'attendent pour me faire périr : je suis attentif à tes enseignements.
96 J'ai vu des bornes à tout ce qui est parfait ; ton commandement n'a point de limites.

MEM.

97 Combien j'aime ta loi ! Elle est tout le jour l'objet de ma méditation.
98 Par tes commandements, tu me rends plus sage que mes ennemis, car je les ai toujours avec moi.
99 Je suis plus sage que tous mes maîtres, car tes enseignements sont l'objet de ma méditation.

100 J'ai plus d'intelligence que les vieillards, car j'observe tes ordonnances.
101 Je retiens mon pied loin de tout sentier mauvais, afin de garder ta parole.
102 Je ne m'écarte pas de tes préceptes, car c'est toi qui m'as instruit.
103 Que ta parole est douce à mon palais, plus que le miel à ma bouche !
104 Par tes ordonnances je deviens intelligent, aussi je hais tous les sentiers du mensonge.

NUN.

105 Ta parole est un flambeau devant mes pas, une lumière sur mon sentier.
106 J'ai juré, et j'y serai fidèle, — d'observer les préceptes de ta justice.
107 Je suis réduit à une extrême affliction : Yahweh, rends-moi la vie, selon ta parole.
108 Agrée, Yahweh, l'offrande de mes lèvres, et enseigne-moi tes préceptes.
109 Ma vie est continuellement dans mes mains, et je n'oublie point ta loi.
110 Les méchants me tendent des pièges, et je ne m'égare pas loin de tes ordonnances.
111 J'ai tes enseignements pour toujours en héritage, car ils sont la joie de mon cœur.
112 J'ai incliné mon cœur à observer tes lois, toujours, jusqu'à la fin.

SAMECH.

113 Je hais les hommes au cœur double, et j'aime ta loi.
114 Tu es mon refuge et mon bouclier ; j'ai confiance en ta parole.
115 Retirez-vous de moi, méchants, et j'observerai les commandements de mon Dieu.
116 Soutiens-moi selon ta promesse, afin que je vive, et ne permets pas que je sois confondu dans mon espérance.
117 Sois mon appui, et je serai sauvé, et j'aurai toujours tes lois

sous les yeux.
118 Tu méprises tous ceux qui s'écartent de tes lois, car leur ruse n'est que mensonge.
119 Tu rejettes comme des scories tous les méchants de la terre ; c'est pourquoi j'aime tes enseignements.
120 Ma chair frissonne de frayeur devant toi, et je redoute tes jugements.

AÏN.

121 J'observe le droit et la justice : ne m'abandonne pas à mes oppresseurs.
122 Prends sous ta garantie le bien de ton serviteur ; et que les orgueilleux ne m'oppriment pas !
123 Mes yeux languissent après ton salut, et après la promesse de ta justice.
124 Agis envers ton serviteur selon ta bonté, et enseigne-moi tes lois.
125 Je suis ton serviteur : donne-moi l'intelligence, pour que je connaisse tes enseignements.
126 Il est temps pour Yahweh d'intervenir : ils violent ta loi.
127 C'est pourquoi j'aime tes commandements, plus que l'or et que l'or fin.
128 C'est pourquoi je trouve justes toutes tes ordonnances, je hais tout sentier de mensonge.

PHÉ.

129 Tes enseignements sont merveilleux, aussi mon âme les observe.
130 La révélation de tes paroles illumine, elle donne l'intelligence aux simples.
131 J'ouvre la bouche et j'aspire, car je suis avide de tes commandements.
132 Tourne vers moi ta face et aie pitié de moi ; c'est justice envers ceux qui aiment ton nom.
133 Affermis mes pas dans ta parole, et ne laisse aucune iniquité dominer sur moi.
134 Délivre-moi de l'oppression des hommes, et je garderai tes ordonnances.

135 Fais luire ta face sur ton serviteur, et enseigne-moi tes lois.
136 Mes yeux répandent des torrents de larmes, parce qu'on n'observe pas ta loi.

TSADÉ.

137 Tu es juste, Yahweh, et tes jugements sont équitables.
138 Tu as donné tes enseignements, selon la justice et une parfaite fidélité.
139 Mon zèle me consume, parce que mes adversaires oublient tes paroles.
140 Ta parole est entièrement éprouvée, et ton serviteur l'aime.
141 Je suis petit et méprise ; mais je n'oublie point tes ordonnances.
142 Ta justice est une justice éternelle, et ta loi est vérité.
143 La détresse et l'angoisse m'ont atteint ; tes commandements font mes délices.
144 Tes enseignements sont éternellement justes ; donne-moi l'intelligence, pour que je vive.

QOPH.

145 Je t'invoque de tout mon cœur ; exauce-moi, Yahweh, afin que je garde tes lois.
146 Je t'invoque, sauve-moi, afin que j'observe tes enseignements.
147 Je devance l'aurore, et je crie vers toi ; j'espère en ta parole.
148 Mes yeux devancent les veilles de la nuit, pour méditer ta parole.
149 Ecoute ma voix selon ta bonté ; Yahweh, rends-moi la vie selon ton jugement.
150 Ils s'approchent, ceux qui poursuivent le crime, qui se sont éloignés de ta loi.
151 Tu es proche, Yahweh, et tous tes commandements sont la vérité.
152 Dès longtemps je sais, au sujet de tes enseignements, que tu les as établis pour toujours.

RESCH.

153 Vois ma misère, et délivre-moi, car je n'oublie pas ta loi.
154 Défends ma cause et sois mon vengeur, rends-moi la vie

selon ta parole.
155 Le salut est loin des méchants, car ils ne s'inquiètent pas de tes lois.
156 Tes miséricordes sont nombreuses, Yahweh ; rends-moi la vie selon tes jugements.
157 Nombreux sont mes persécuteurs et mes ennemis ; je ne m'écarte point de tes enseignements.
158 À la vue des infidèles, j'ai ressenti de l'horreur, parce qu'ils n'observent pas ta parole.
159 Considère que j'aime tes ordonnances ; Yahweh, rends-moi la vie selon ta bonté.
160 Le résumé de ta parole est la vérité, et toutes les lois de ta justice sont éternelles.

SIN, SCHIN.

161 Des princes me persécutent sans cause : c'est de tes paroles que mon cœur a de la crainte.
162 Je me réjouis de ta parole, comme si j'avais trouvé de riches dépouilles.
163 Je hais le mensonge, je l'ai en horreur ; j'aime ta loi.
164 Sept fois le jour je te loue, à cause des lois de ta justice.
165 Il y a une grande paix pour ceux qui aiment ta loi, et rien ne leur est une cause de chute.
166 J'espère en ton salut, Yahweh, et je pratique tes commandements.
167 Mon âme observe tes enseignements, et elle en est éprise.
168 Je garde tes ordonnances et tes enseignements, car toutes mes voies sont devant toi.

THAV.

169 Que mon cri arrive jusqu'à toi, Yahweh ! Selon ta parole, donne-moi l'intelligence.
170 Que ma supplication parvienne jusqu'à toi ! Selon ta parole, délivre-moi.
171 Que mes lèvres profèrent ta louange, car tu m'as enseigné tes lois !
172 Que ma langue publie ta parole, car tous tes commandements sont justes !

173 Que ta main s'étende pour me secourir, car j'ai choisi tes ordonnances !

174 Je soupire après ton salut, Yahweh, et ta loi fait mes délices.

175 Que mon âme vive pour te louer, et que tes jugements me viennent en aide !

176 Je suis errant comme une brebis égarée : cherche ton serviteur ; car je n'oublie pas tes commandements.

Psaume 120

1 *Cantique des montées.*
Vers Yahweh, dans ma détresse, j'ai crié, et il m'a exaucé :

2 « Yahweh délivre mon âme de la lèvre de mensonge, de la langue astucieuse ! »

3 Que te sera-t-il donné, quel sera ton profit, langue perfide ?

4 Les flèches aiguës du Tout-Puissant, avec les charbons ardents du genêt.

5 Malheureux que je suis de séjourner dans Mések, d'habiter sous les tentes de Cédar !

6 Trop longtemps j'ai demeuré avec ceux qui haïssent la paix.

7 Je suis un homme de paix et, quand je leur parle, ils sont pour la guerre.

Psaume 121

1 *Cantique pour les montées.*
Je lève les yeux vers les montagnes : d'où me viendra le secours ?

2 Mon secours viendra de Yahweh, qui a fait le ciel et la terre.

3 Il ne permettra pas que ton pied trébuche ; celui qui te garde ne sommeillera pas.

4 Non, il ne sommeille ni ne dort, celui qui garde Israël.

5 Yahweh est ton gardien ; Yahweh est ton abri, toujours à ta droite.
6 Pendant le jour, le soleil ne te frappera point, ni la lune pendant la nuit.
7 Yahweh te gardera de tout mal, il gardera ton âme :
8 Yahweh gardera ton départ et ton arrivée maintenant et à jamais.

Psaume 122

1 *Cantique des montées. De David.*
J'ai été dans la joie quand on m'a dit : « Allons à la maison de Yahweh ! »
2 Enfin ! Nos pieds s'arrêtent à tes portes, Jérusalem !
3 Jérusalem, tu es bâtie comme une ville où tout se tient ensemble.
4 Là montent les tribus, les tribus de Yahweh, selon la loi d'Israël, pour louer le nom de Yahweh.
5 Là sont établis des sièges pour le jugement, les sièges de la maison de David.
6 Faites des vœux pour Jérusalem : Qu'ils soient heureux ceux qui t'aiment !
7 Que la paix règne dans tes murs, la prospérité dans tes palais !
8 À cause de mes frères et de mes amis, je demande pour toi la paix ;
9 à cause de la maison de Yahweh, notre Dieu, je désire pour toi le bonheur.

Psaume 123

1 *Cantique des montées.*
J'élève mes yeux vers toi, ô toi qui siège dans les cieux !

2 Comme l'œil du serviteur est fixé sur la main de son maître, et l'œil de la servante sur la main de sa maîtresse, ainsi nos yeux sont fixés sur Yahweh, notre Dieu, jusqu'à ce qu'il ait pitié de nous.
3 Aie pitié de nous, Yahweh, aie pitié de nous, car nous n'avons été que trop rassasiés d'opprobres.
4 Notre âme n'a été que trop rassasiée de la moquerie des superbes, du mépris des orgueilleux.

Psaume 124

1 *Cantique des montées. De David.*
Si Yahweh n'eût été pour nous, — qu'Israël le proclame, —
2 si Yahweh n'eût été pour nous, quand les hommes se sont élevés contre nous !...
3 Ils nous auraient dévorés tout vivants, quand leur colère s'est allumée contre nous ;
4 les eaux nous auraient engloutis, le torrent eût passé sur notre âme ;
5 sur notre âme auraient passé les eaux impétueuses.
6 Béni soit Yahweh, qui ne nous a pas livrés à leurs dents !
7 Notre âme, comme le passereau, s'est échappée du filet de l'oiseleur ; le filet s'est rompu, et nous avons été délivrés.
8 Notre secours est dans le nom de Yahweh, qui a fait les cieux et la terre.

Psaume 125

1 *Cantique des montées.*
Ceux qui se confient en Yahweh sont comme la montagne de Sion : elle ne chancelle point, elle est établie pour toujours.
2 Jérusalem a autour d'elle une ceinture de montagnes : ainsi

Yahweh entoure son peuple, dès maintenant et à jamais.
3. Le sceptre des méchants ne restera pas sur l'héritage des justes, afin que les justes ne portent pas aussi leurs mains vers l'iniquité.
4. Yahweh, répands tes bontés sur les bons, et sur ceux qui ont le cœur droit.
5. Mais sur ceux qui se détournent en des voies tortueuses, que Yahweh les abandonne avec ceux qui font le mal ! Paix sur Israël !

Psaume 126

1. *Cantique des montées.*
Quand Yahweh ramena les captifs de Sion, ce fut pour nous comme un songe.
2. Alors notre bouche fit entendre des cris joyeux, notre langue, des chants d'allégresse. Alors on répéta parmi les nations : « Yahweh a fait pour eux de grandes choses. »
3. Oui, Yahweh a fait pour nous de grandes choses ; nous sommes dans la joie.
4. Yahweh, ramène nos captifs, comme tu fais couler les torrents dans le Négéb.
5. Ceux qui sèment dans les larmes, moissonneront dans l'allégresse.
6. Ils vont, ils vont en pleurant, portant et jetant la semence ; ils reviendront avec des cris de joie, portant les gerbes de leur moisson.

Psaume 127

1. *Cantique des montées. De Salomon.*
Si Yahweh ne bâtit pas la maison, en vain travaillent ceux qui la bâtissent ; si Yahweh ne garde pas la cité, en vain la

sentinelle veille à ses portes.
2. C'est en vain que vous vous levez avant le jour, et que vous retardez votre repos, mangeant le pain de la douleur : il en donne autant à son bien-aimé pendant son sommeil.
3. Voici, c'est un héritage de Yahweh, que les enfants ; une récompense, que les fruits d'un sein fécond.
4. Comme les flèches dans la main d'un guerrier, ainsi sont les fils de la jeunesse.
5. Heureux l'homme qui en a rempli son carquois ! Ils ne rougiront pas quand ils répondront aux ennemis, à la porte de la ville.

Psaume 128

1. *Cantique des montées.*
Heureux l'homme qui craint Yahweh, qui marche dans ses voies !
2. Tu te nourris alors du travail de tes mains ; tu es heureux et comblé de biens.
3. Ton épouse est comme une vigne féconde, dans l'intérieur de ta maison ; tes fils, comme de jeunes plants d'olivier, autour de ta table.
4. Voilà comment sera béni l'homme qui craint Yahweh.
5. Que Yahweh te bénisse de Sion !
Puisse-tu voir Jérusalem florissante tous les jours de ta vie !
6. Puisses-tu voir les enfants de tes enfants ! Que la paix soit sur Israël !

Psaume 129

1. *Cantique des montées.*
Ils m'ont cruellement opprimé dès ma jeunesse, — qu'Israël le dise ! —

2. Ils m'ont cruellement opprimé dès ma jeunesse, mais ils n'ont pas prévalu contre moi.
3. Ils ont labouré mon dos, ils y ont tracé de longs sillons.
4. Mais Yahweh est juste : il a coupé les liens des méchants.
5. Qu'ils soient confondus et qu'ils reculent en arrière, tous ceux qui haïssent Sion !
6. Qu'ils soient comme l'herbe des toits, qui sèche avant qu'on l'arrache.
7. Le moissonneur n'en remplit pas sa main, ni celui qui lie les gerbes, son giron ;
8. et les passants ne disent pas : « Que la bénédiction de Yahweh soit sur vous ! » — « Nous vous bénissons au nom de Yahweh. »

Psaume 130

1. *Cantique des montées.*
Du fond de l'abîme je crie vers toi, Yahweh.
2. Seigneur, écoute ma voix ; que tes oreilles soient attentives aux accents de ma prière !
3. Si tu gardes le souvenir de l'iniquité, Yahweh, Seigneur, qui pourra subsister ?
4. Mais auprès de toi est le pardon, afin qu'on te révère.
5. J'espère en Yahweh ; mon âme espère, et j'attends sa parole.
6. Mon âme aspire après le Seigneur plus que les guetteurs n'aspirent après l'aurore.
7. Israël, mets ton espoir en Yahweh ! Car avec Yahweh est la miséricorde, avec lui une surabondante délivrance.
8. C'est lui qui rachètera Israël de toutes ses iniquités.

Psaume 131

1 Cantique des montées. De David.
Yahweh, mon cœur ne s'est pas enflé d'orgueil, et mes regards n'ont pas été hautains. Je ne recherche point les grandes choses, ni ce qui est élevé au-dessus de moi.

2 Non ! Je tiens mon âme dans le calme et le silence. Comme un enfant sevré sur le sein de sa mère, comme l'enfant sevré mon âme est en moi.

3 Israël, mets ton espoir en Yahweh ! Maintenant et toujours !

Psaume 132

1 Cantique des montées.
Souviens-toi, Yahweh, de David, de toutes ses peines !

2 Il fit ce serment à Yahweh, ce vœu au Fort de Jacob :

3 « Je n'entrerai pas dans la tente où j'habite, je ne monterai pas sur le lit où je repose ;

4 je n'accorderai point de sommeil à mes yeux, ni d'assoupissement à mes paupières,

5 jusqu'à ce que j'aie trouvé un lieu pour Yahweh, une demeure pour le Fort de Jacob. »

6 Voici, entendions-nous dire, qu'elle est à Ephrata ; nous l'avons trouvée dans les champs de Jaar.

7 Allons au tabernacle de Yahweh, prosternons-nous devant l'escabeau de ses pieds.

8 Lève-toi, Yahweh, viens au lieu de ton repos, toi et l'arche de ta majesté !

9 Que tes prêtres soient revêtus de justice, et que tes fidèles poussent des cris d'allégresse !

10 À cause de David, ton serviteur, ne repousse pas la face de ton Oint !

11 Yahweh a juré à David la vérité, il ne s'en départira pas : « C'est du fruit de tes entrailles, que je mettrai sur ton trône.

12 Si tes fils gardent mon alliance, et les préceptes que je leur enseignerai, leurs fils aussi, à tout jamais, seront assis sur ton trône. »
13 Car Yahweh a choisi Sion, il l'a désirée pour sa demeure.
14 « C'est le lieu de mon repos pour toujours ; j'y habiterai, car je l'ai désirée.
15 Je répandrai de riches bénédictions sur sa subsistance, je rassasierai de pain ses pauvres.
16 Je revêtirai de salut ses prêtres, et ses fidèles pousseront des cris d'allégresse.
17 Là je ferai grandir la puissance de David, je préparerai un flambeau à mon Oint.
18 Je revêtirai de honte ses ennemis, et sur son front resplendira son diadème. »

Psaume 133

1 *Cantique des montées. De David.*
Ah ! Qu'il est bon, qu'il est doux pour des frères d'habiter ensemble !
2 C'est comme l'huile précieuse qui, répandue sur la tête, coule sur la barbe, sur la barbe d'Aaron, qui descend sur le bord de son vêtement.
3 C'est comme la rosée de l'Hermon, qui descend sur les sommets de Sion. Car c'est là que Yahweh a établi la bénédiction, la vie, pour toujours.

Psaume 134

1 *Cantique des montées.*
Voici donc, bénissez Yahweh, vous tous, serviteurs de Yahweh, qui êtes de service dans la maison de Yahweh, pendant les nuits !...

2 Levez les mains vers le sanctuaire, et bénissez Yahweh.
3 Que Yahweh te bénisse de Sion, lui qui a fait les cieux et la terre !

Psaume 135

1 Alleluia. Louez le nom de Yahweh, louez-le, serviteurs de Yahweh,
2 vous qui êtes de service dans la maison de Yahweh, dans les parvis de la maison de notre Dieu.
3 Louez Yahweh, car Yahweh est bon ; chantez son nom sur la harpe, car il est plein de douceur.
4 Car Yahweh s'est choisi Jacob, il s'est choisi Israël pour en faire son héritage.
5 Oui, je le sais, Yahweh est grand, notre Seigneur est au-dessus de tous les dieux.
6 Tout ce que veut Yahweh, il le fait, dans les cieux et sur la terre, dans la mer et dans tous les abîmes.
7 Il fait monter les nuages des extrémités de la terre, il produit les éclairs avec la pluie, il tire le vent de ses trésors.
8 Il frappa jadis les premiers-nés de l'Egypte, depuis l'homme jusqu'à l'animal.
9 Il fit éclater des signes et des prodiges au milieu de toi, ô Egypte, contre Pharaon et tous ses serviteurs.
10 Il frappa des nations nombreuses, et fit mourir des rois puissants :
11 Séhon, roi des Amorrhéens, Og, roi de Basan, et tous les rois de Chanaan.
12 Et il donna leur pays en héritage, en héritage à Israël, son peuple.
13 Yahweh, ton nom subsiste à jamais ; Yahweh, ton souvenir dure d'âge en âge.
14 Car Yahweh fait droit à son peuple, et il a compassion de ses serviteurs.

15. Les idoles des nations sont de l'argent et de l'or, ouvrage de la main des hommes.
16. Elles ont une bouche et ne parlent pas ; elles ont des yeux et ne voient pas.
17. Elles ont des oreilles et n'entendent pas ; il n'y a pas même un souffle dans leur bouche.
18. Qu'ils leur ressemblent ceux qui les font, quiconque se confie en elles !
19. Maison d'Israël, bénissez Yahweh ! Maison d'Aaron, bénissez Yahweh !
20. Maison de Lévi, bénissez Yahweh ! Vous qui craignez Yahweh, bénissez Yahweh !
21. Que de Sion soit béni Yahweh, qui habite Jérusalem ! Alleluia !

Psaume 136

1. Célébrez Yahweh, car il est bon, car sa miséricorde est éternelle.
2. Célébrez le Dieu des dieux, car sa miséricorde est éternelle.
3. Célébrez le Seigneur des seigneurs, car sa miséricorde est éternelle.
4. À celui qui seul opère de grands prodiges, car sa miséricorde est éternelle.
5. Qui a fait les cieux avec sagesse, car sa miséricorde est éternelle.
6. Qui a étendu la terre sur les eaux, car sa miséricorde est éternelle.
7. Qui a fait les grands luminaires, car sa miséricorde est éternelle.
8. Le soleil pour dominer sur le jour, car sa miséricorde est éternelle.
9. La lune et les étoiles pour dominer sur la nuit, car sa miséricorde est éternelle.

10 A celui qui frappa les égyptiens dans leurs premiers-nés, car sa miséricorde est éternelle.
11 Il fit sortir Israël du milieu d'eux, car sa miséricorde est éternelle.
12 D'une main forte et d'un bras étendu, car sa miséricorde est éternelle.
13 À celui qui divisa en deux la mer Rouge, car sa miséricorde est éternelle.
14 Qui fit passer Israël au travers, car sa miséricorde est éternelle.
15 Et précipita Pharaon et son armée dans la mer Rouge, car sa miséricorde est éternelle.
16 À celui qui conduisit son peuple dans le désert, car sa miséricorde est éternelle.
17 Qui frappa de grands rois, car sa miséricorde est éternelle.
18 Et fit périr des rois puissants, car sa miséricorde est éternelle.
19 Séhon, roi des Amorrhéens, car sa miséricorde est éternelle.
20 Et Og, roi de Basan, car sa miséricorde est éternelle.
21 Qui donna leur pays en héritage, car sa miséricorde est éternelle.
22 En héritage à Israël, son serviteur, car sa miséricorde est éternelle.
23 À celui qui se souvint de nous quand nous étions humiliés, car sa miséricorde est éternelle.
24 Et nous délivra de nos oppresseurs, car sa miséricorde est éternelle.
25 À celui qui donne à tout ce qui vit la nourriture, car sa miséricorde est éternelle.
26 Célébrez le Dieu des cieux, car sa miséricorde est éternelle.

Psaume 137

1. Au bord des fleuves de Babylone nous étions assis et nous pleurions, en nous souvenant de Sion.
2. Aux saules de ses vallées nous avions suspendu nos harpes.
3. Car là, ceux qui nous tenaient captifs nous demandaient des hymnes et des cantiques, nos oppresseurs, des chants joyeux : « Chantez-nous un cantique de Sion ! »
4. Comment chanterions-nous le cantique de Yahweh, sur la terre de l'étranger ?
5. Si jamais je t'oublie, Jérusalem, que ma droite oublie de se mouvoir !...
6. Que ma langue s'attache à mon palais, si je cesse de penser à toi, si je ne mets pas Jérusalem au premier rang de mes joies !
7. Souviens-toi, Yahweh, des enfants d'Edom, quand au jour de Jérusalem, ils disaient : « Détruisez, détruisez-la, jusqu'en ses fondements ! »
8. Fille de Babylone, vouée à la ruine, heureux celui qui te rendra le mal que tu nous as fait !
9. Heureux celui qui saisira et brisera tes petits enfants contre la pierre !

Psaume 138

1. *De David.*
   Je veux te louer de tout mon cœur, te chanter sur la harpe, en présence des dieux.
2. Je veux me prosterner dans ton saint temple, et célébrer ton nom, à cause de ta bonté et de ta fidélité, parce que tu as fait une promesse magnifique, au-dessus de toutes les gloires de ton nom.
3. Le jour où je t'ai invoqué, tu m'as exaucé, tu as rendu à mon âme la force et le courage.

4 Tous les rois de la terre te loueront, Yahweh, quand ils auront appris les oracles de ta bouche.
5 Ils célébreront les voies de Yahweh, car la gloire de Yahweh est grande.
6 Car Yahweh est élevé, et il voit les humbles, et il connaît de loin les orgueilleux.
7 Si je marche en pleine détresse, tu me rends la vie, tu étends ta main pour arrêter la colère de mes ennemis, et ta droite me sauve.
8 Yahweh achèvera ce qu'il a fait pour moi. Yahweh, ta bonté est éternelle : n'abandonne pas l'ouvrage de tes mains !

Psaume 139

1 *Au maître de chant. Psaume de David.*
Yahweh, tu me sondes et tu me connais,
2 tu sais quand je suis assis ou levé, tu découvres ma pensée de loin.
3 Tu m'observes quand je suis en marche ou couché, et toutes mes voies te sont familières.
4 La parole n'est pas encore sur ma langue, que déjà, Yahweh, tu la connais entièrement.
5 En avant et en arrière tu m'entoures, et tu mets ta main sur moi :
6 Science trop merveilleuse pour moi, elle est trop élevée pour que j'y puisse atteindre !
7 Où aller loin de ton esprit, où fuir loin de ta face ?
8 Si je monte aux cieux, tu y es ; si je me couche dans le schéol, te voilà !
9 Si je prends les ailes de l'aurore, et que j'aille habiter aux confins de la mer,
10 là encore ta main me conduira, et ta droite me saisira.
11 Et je dis : Au moins les ténèbres me couvriront, et la nuit sera la seule lumière qui m'entoure !...

12 Les ténèbres mêmes n'ont pas pour toi d'obscurité ; pour toi la nuit brille comme le jour, et les ténèbres comme la lumière.
13 C'est toi qui as formé mes reins, et qui m'as tissé dans le sein de ma mère.
14 Je te loue d'avoir fait de moi une créature si merveilleuse ; tes œuvres sont admirables, et mon âme se plaît à le reconnaître.
15 Ma substance n'était pas cachée devant toi, lorsque j'étais formé dans le secret, tissé avec art dans les profondeurs de la terre.
16 Je n'étais qu'un germe informe, et tes yeux me voyaient, et sur ton livre étaient tous inscrits les jours qui m'étaient destinés, avant qu'aucun d'eux fût encore.
17 Ô Dieu, que tes pensées me semblent ravissantes ! Que le nombre en est grand !
18 Si je compte, elles surpassent en nombre les grains de sable : je m'éveille, et je suis encore avec toi !
19 Ô Dieu, ne feras-tu pas périr le méchant ? Hommes de sang, éloignez-vous de moi !
20 Ils parlent de toi d'une manière criminelle, ils prennent ton nom en vain, eux, tes ennemis !
21 Ne dois-je pas, Yahweh, haïr ceux qui te haïssent, avoir en horreur ceux qui s'élèvent contre toi ?
22 Oui, je les hais d'une haine complète, ils sont pour moi des ennemis.
23 Sonde-moi, ô Dieu, et connais mon cœur ; éprouve-moi, et connais mes pensées.
24 Regarde si je suis sur une voie funeste, et conduis-moi dans la voie éternelle.

Psaume 140

1 *Au maître de chant. Psaume de David.*
2 Yahweh, délivre-moi de l'homme méchant, préserve-moi des hommes de violence,
3 qui méditent de mauvais desseins dans leur cœur, qui excitent sans cesse la guerre contre moi,
4 qui aiguisent leur langue comme le serpent, et qui ont sous leurs lèvres le venin de l'aspic. — *Séla.*
5 Yahweh, garde-moi des mains du méchant, préserve-moi des hommes de violence, qui méditent de me faire trébucher.
6 Des orgueilleux me dressent un piège et des filets, ils placent des rets le long de mon sentier, ils me tendent des embûches. — *Séla.*
7 Je dis à Yahweh : Tu es mon Dieu ! Ecoute, Yahweh, la voix de mes supplications !
8 Seigneur Yahweh, mon puissant sauveur, tu couvres ma tête au jour du combat.
9 Yahweh, n'accomplis pas les désirs du méchant, ne laisse pas réussir ses desseins : il en serait trop fier ! — *Séla.*
10 Que sur la tête de ceux qui m'assiègent retombe l'iniquité de leurs lèvres,
11 que des charbons ardents soient secoués sur eux ! Que Dieu les précipite dans le feu, dans les abîmes d'où ils ne se relèvent plus !
12 Non, le calomniateur ne prospérera pas sur la terre, et le malheur poursuivra sans merci l'homme violent.
13 Je sais que Yahweh fait droit au misérable, et justice au pauvre.
14 Oui, les justes célébreront ton nom, et les hommes droits habiteront devant ta face.

Psaume 141

1 *Psaume de David.*
Yahweh, je t'invoque ; hâte-toi de venir vers moi ; prête l'oreille à ma voix, quand je t'invoque.
2 Que ma prière soit devant ta face comme l'encens, et l'élévation de mes mains comme l'offrande du soir !
3 Yahweh, mets une garde à ma bouche, une sentinelle à la porte de mes lèvres.
4 N'incline pas mon cœur vers des choses mauvaises ; ne l'incline pas à se livrer à des actes de méchanceté avec les hommes qui commettent l'iniquité ; que je ne prenne aucune part à leurs festins !
5 Que le juste me frappe, c'est une faveur ; qu'il me reprenne, c'est un parfum sur ma tête ; ma tête ne le refusera pas, car alors je n'opposerai que ma prière à leurs mauvais desseins.
6 Mais bientôt leurs chefs seront précipités le long des rochers ; et l'on écoutera mes paroles, car elles sont agréables.
7 Comme lorsqu'on laboure et que l'on ameublit la terre, ainsi nos ossements sont semés au bord du schéol.
8 Car vers toi, Seigneur Yahweh, je tourne mes yeux ; auprès de toi je cherche un refuge : n'abandonne pas mon âme !
9 Préserve-moi des pièges qu'ils me tendent, des embûches de ceux qui font le mal !
10 Que les méchants tombent dans leurs propres filets, et que j'échappe en même temps !

Psaume 142

1 *Cantique de David. Lorsqu'il était dans la caverne. Prière.*
2 De ma voix je crie à Yahweh, de ma voix j'implore Yahweh ;
3 Je répands ma plainte en sa présence, devant lui j'expose ma

détresse.
4 Lorsqu'en moi mon esprit défaille, toi tu connais mon sentier ; tu sais que, dans la route où je marche, ils me tendent des pièges.
5 Jette les yeux à ma droite et vois : personne ne me reconnaît ; tout refuge me fait défaut, nul n'a souci de mon âme.
6 Je crie vers toi, Yahweh, je dis : Tu es mon refuge, mon partage sur la terre des vivants !
7 Prête l'oreille à ma plainte, car je suis malheureux à l'excès ; délivre-moi de ceux qui me poursuivent, car ils sont plus forts que moi.
8 Tire mon âme de cette prison, afin que je célèbre ton nom ; les justes triompheront avec moi de ce que tu m'auras fait du bien.

Psaume 143

1 *Psaume de David.*
Yahweh, écoute ma prière ; prête l'oreille à mes supplications ; exauce-moi dans ta vérité et dans ta justice.
2 N'entre pas en jugement avec ton serviteur, car aucun homme vivant n'est juste devant toi.
3 L'ennemi en veut à mon âme, il foule à terre ma vie ; il me relègue dans les lieux ténébreux, comme ceux qui sont morts depuis longtemps.
4 Mon esprit défaille en moi, mon cœur est troublé dans mon sein.
5 Je pense aux jours d'autrefois, je médite sur toutes tes œuvres, je réfléchis sur l'ouvrage de tes mains.
6 j'étends vers toi mes mains, et mon âme, comme une terre desséchée, soupire après toi. — *Séla.*
7 Hâte-toi de m'exaucer, Yahweh, mon esprit défaille ; ne me cache pas ta face, je deviens semblable à ceux qui descendent dans la fosse.

8 Fais-moi de bonne heure sentir ta bonté, car c'est en toi que j'espère ; fais-moi connaître la voie où je dois marcher, car c'est vers toi que j'élève mon âme.
9 Délivre-moi de mes ennemis, Yahweh, je me réfugie auprès de toi.
10 Apprends-moi à faire ta volonté, car tu es mon Dieu. Que ton bon esprit me conduise dans la voie droite !
11 À cause de ton nom, Yahweh, rends-moi la vie ; dans ta justice, retire mon âme de la détresse.
12 Dans ta bonté, anéantis mes ennemis, et fais périr tous ceux qui m'oppriment, car je suis ton serviteur.

Psaume 144

1 *De David.*
Béni soit Yahweh, mon rocher, qui a dressé mes mains au combat, et mes doigts à la guerre,
2 mon bienfaiteur et ma forteresse, ma haute retraite et mon libérateur, mon bouclier, celui qui est mon refuge, qui range mon peuple sous moi !
3 Yahweh, qu'est-ce que l'homme pour que tu le connaisses, le fils de l'homme, pour que tu prennes garde à lui ?
4 L'homme est semblable à un souffle, ses jours sont comme l'ombre qui passe.
5 Yahweh, abaisse tes cieux et descends ; touche les montagnes, et qu'elles s'embrasent ;
6 fais briller les éclairs, et disperse les ennemis ; lance tes flèches, et mets-les en déroute.
7 Etends tes mains d'en haut, délivre-moi et sauve-moi des grandes eaux, de la main des fils de l'étranger,
8 dont la bouche profère le mensonge, et dont la droite est une droite parjure.
9 Dieu, je te chanterai un cantique nouveau, je te célébrerai sur le luth à dix cordes.

10 Toi qui donnes aux rois la victoire, qui sauves du glaive meurtrier David, ton serviteur,
11 délivre-moi et sauve-moi de la main des fils de l'étranger, dont la bouche profère le mensonge, et dont la droite est une droite parjure.
12 Que nos fils, comme des plants vigoureux, grandissent en leur jeunesse ! Que nos filles soient comme les colonnes angulaires, sculptées à la façon de celles d'un temple !
13 Que nos greniers soient remplis, et regorgent de toutes sortes de provisions ! Que nos brebis, dans nos pâturages, se multiplient par milliers et par myriades !
14 Que nos génisses soient fécondes !
Qu'il n'y ait dans nos murs ni brèche, ni reddition ! Ni cri d'alarme dans nos places publiques !
15 Heureux le peuple qui jouit de ces biens ! Heureux le peuple dont Yahweh est le Dieu !

Psaume 145

1 *Chant de louange. De David.*
ALEPH.
Je veux t'exalter, mon Dieu, ô Roi, et bénir ton nom à jamais et toujours.
2 *BETH.*
Je veux chaque jour te bénir, et célébrer ton nom toujours et à jamais.
3 *GHIMEL.*
Yahweh est grand et digne de toute louange, et sa grandeur est insondable.
4 *DALETH.*
Chaque âge dira au suivant la louange de tes œuvres, on publiera tes prodiges.
5 *HÉ.*
Je chanterai l'éclat glorieux de ta majesté, et tes œuvres prodigieuses.

6   *WAV.*

Et l'on parlera de ta puissance redoutable, et je raconterai ta grandeur.

7   *ZAÏN.*

On proclamera le souvenir de ton immense bonté, et on célébrera ta justice.

8   *HETH.*

Yahweh est miséricordieux et compatissant, lent à la colère et plein de bonté.

9   *TETH.*

Yahweh est bon envers tous, et sa miséricorde s'étend sur toutes ses créatures.

10   *YOD.*

Toutes tes œuvres te louent, Yahweh, et tes fidèles te bénissent.

11   *CAPH.*

Ils disent la gloire de ton règne, et proclament ta puissance,

12   *LAMED.*

afin de faire connaître aux fils des hommes ses prodiges, et le glorieux éclat de son règne.

13   *MEM.*

Ton règne est un règne éternel, et ta domination subsiste dans tous les âges.

14   *SAMECH.*

Yahweh soutient tous ceux qui tombent, il redresse tous ceux qui sont courbés.

15   *AÏN.*

Les yeux de tous les êtres sont tournés vers toi dans l'attente, et tu leur donnes leur nourriture en son temps.

16   *PHÉ.*

Tu ouvres ta main, et tu rassasies de tes biens tout ce qui respire.

17   *TSADÉ.*

Yahweh est juste dans toutes ses voies, et miséricordieux dans toutes ses œuvres.

18   *QOPH.*

Yahweh est près de tous ceux qui l'invoquent, de tous ceux qui l'invoquent d'un cœur sincère.

19 *RESCH.*

Il accomplit les désirs de ceux qui le craignent, il entend leur cri et il les sauve.

20 *SCHIN.*

Yahweh garde tous ceux qui l'aiment, et il détruit tous les méchants.

21 *THAV.*

Que ma bouche publie la louange de Yahweh, et que toute chair bénisse son saint nom, toujours, à jamais !

Psaume 146

1 Alleluia !
Mon âme, loue Yahweh !
2 Toute ma vie, je veux louer Yahweh, tant que je serai, je veux chanter mon Dieu.
3 Ne mettez pas votre confiance dans les princes, dans le fils de l'homme, qui ne peut sauver.
4 Son souffle s'en va, il retourne à sa poussière, et, ce même jour, ses desseins s'évanouissent.
5 Heureux celui qui a pour secours le Dieu de Jacob, qui met son espoir en Yahweh, son Dieu !
6 Yahweh a fait le ciel et la terre, la mer et tout ce qu'elle renferme ; il garde à jamais sa fidélité.
7 Il rend justice aux opprimés, il donne la nourriture à ceux qui ont faim. Yahweh délivre les captifs,
8 Yahweh ouvre les yeux des aveugles, Yahweh relève ceux qui sont courbés, Yahweh aime les justes.
9 Yahweh garde les étrangers, il soutient l'orphelin et la veuve ; mais il rend tortueuse la voie des méchants.
10 Yahweh est roi pour l'éternité, ton Dieu, ô Sion, d'âge en âge. Alleluia !

PSAUTIER

Psaume 147

1. Alleluia — Louez Yahweh, car il est bon de célébrer notre Dieu, car il est doux, il est bienséant de le louer.
2. Yahweh rebâtit Jérusalem, il rassemble les dispersés d'Israël.
3. Il guérit ceux qui ont le cœur brisé, et il panse leurs blessures.
4. Il compte le nombre des étoiles, il les appelle toutes par leur nom.
5. Notre Seigneur est grand, et sa force est infinie, et son intelligence n'a pas de limites.
6. Yahweh vient en aide aux humbles, il abaisse les méchants jusqu'à terre.
7. Chantez à Yahweh un cantique d'actions de grâces ; célébrez notre Dieu sur la harpe !
8. Il couvre les cieux de nuages, et prépare la pluie pour la terre ; il fait croître l'herbe sur les montagnes.
9. Il donne la nourriture au bétail, aux petits du corbeau qui crient vers lui.
10. Ce n'est pas dans la vigueur du cheval qu'il se complaît, ni dans les jambes de l'homme qu'il met son plaisir ;
11. Yahweh met son plaisir en ceux qui le craignent, en ceux qui espèrent en sa bonté.
12. Jérusalem, célèbre Yahweh ; Sion, loue ton Dieu.
13. Car il affermit les verrous de tes portes, il bénit tes fils au milieu de toi ;
14. il assure la paix à tes frontières, il te rassasie de la fleur du froment.
15. Il envoie ses ordres à la terre ; sa parole court avec vitesse.
16. Il fait tomber la neige comme de la laine, il répand le givre comme de la cendre.
17. Il jette ses glaçons par morceaux : qui peut tenir devant ses frimas ?
18. Il envoie sa parole, et il les fond ; il fait souffler son vent, et les eaux coulent.

19 C'est lui qui a révélé sa parole à Jacob, ses lois et ses ordonnances à Israël.
20 Il n'a pas fait de même pour toutes les autres nations ; elles ne connaissent pas ses ordonnances. Alleluia !

Psaume 148

1 Alleluia !
Louez Yahweh du haut des cieux, louez-le dans les hauteurs !
2 Louez-le, vous tous, ses anges ; louez-le, vous toutes, ses armées !
3 Louez-le, soleil et lune ; louez-le, vous toutes, étoiles brillantes !
4 Louez-le, cieux des cieux, et vous, eaux, qui êtes au-dessus des cieux !
5 Qu'ils louent le nom de Yahweh ; car il a commandé, et ils ont été créés.
6 Il les a établis pour toujours et à jamais ; il a posé une loi qu'on ne transgressera pas.
7 De la terre, louez Yahweh, monstres marins, et vous tous, océans,
8 feu et grêle, neige et vapeurs, vents impétueux, qui exécutez ses ordres,
9 montagnes, et vous toutes, collines, arbres fruitiers, et vous tous, cèdres.
10 Animaux sauvages et troupeaux de toutes sortes, reptiles et oiseaux ailés,
11 rois de la terre et tous les peuples, princes, et vous tous, juges de la terre,
12 jeunes hommes et jeunes vierges, vieillards et enfants.
13 Qu'ils louent le nom de Yahweh, car son nom seul est grand, sa gloire est au-dessus du ciel et de la terre.
14 Il a relevé la puissance de son peuple, sujet de louange pour

tous ses fidèles, pour les enfants d'Israël, le peuple qui est près de lui, Alleluia !

Psaume 149

1 Alleluia !
Chantez à Yahweh un cantique nouveau ; que sa louange retentisse dans l'assemblée des saints !
2 Qu'Israël se réjouisse en son Créateur, que les fils de Sion tressaillent en leur Roi !
3 Qu'ils louent son nom dans leurs danses, qu'ils le chantent avec le tambourin et la harpe !
4 Car Yahweh se complaît dans son peuple, il glorifie les humbles en les sauvant.
5 Les fidèles triomphent dans la gloire, ils tressaillent de joie sur leur couche.
6 Les louanges de Dieu sont dans leur bouche, et ils ont dans leurs mains un glaive à deux tranchants.
7 Pour exercer la vengeance sur les nations, et porter le châtiment chez les peuples ;
8 pour lier leurs rois avec des chaînes, et leurs grands avec des ceps de fer ;
9 pour exécuter contre eux l'arrêt écrit : c'est là la gloire réservée à tous ses fidèles. Alleluia !

Psaume 150

1 Alleluia !
Louez Dieu dans son sanctuaire !
Louez-le dans le séjour de sa puissance !
2 Louez-le pour ses hauts faits !
Louez-le selon l'immensité de sa grandeur !
3 Louez-le au son de la trompette !
Louez-le sur la harpe et la cithare !
4 Louez-le dans vos danses, avec le tambourin !
Louez-le avec les instruments à cordes et le chalumeau !
5 Louez-le avec les cymbales au son clair !
Louez-le avec les cymbales retentissantes !
6 Que tout ce qui respire loue Yahweh ! Alleluia.

Table

Psaume

1	p. 3
2	p. 3
3	p. 4
4	p. 5
5	p. 5
6	p. 6
7	p. 7
8	p. 8
9	p. 9
10	p. 10
11	p. 11
12	p. 12
13	p. 13
14	p. 13
15	p. 14
16	p. 14
17	p. 15
18	p. 16
19	p. 19
20	p. 20
21	p. 21
22	p. 22
23	p. 24
24	p. 24
25	p. 25
26	p. 27
27	p. 28
28	p. 29
29	p. 30
30	p. 30
31	p. 31
32	p. 33
33	p. 34
34	p. 35
35	p. 37
36	p. 39

37	p. 40
38	p. 43
39	p. 45
40	p. 46
41	p. 47
42	p. 48
43	p. 49
44	p. 49
45	p. 51
46	p. 52
47	p. 53
48	p. 54
49	p. 55
50	p. 56
51	p. 57
52	p. 59
53	p. 59
54	p. 60
55	p. 61
56	p. 62
57	p. 63
58	p. 64
59	p. 65
60	p. 66
61	p. 67
62	p. 68
63	p. 69
64	p. 69
65	p. 70
66	p. 71
67	p. 72
68	p. 73
69	p. 75
70	p. 78
71	p. 78
72	p. 80
73	p. 81
74	p. 83
75	p. 84
76	p. 85

77	p. 86
78	p. 87
79	p. 91
80	p. 92
81	p. 94
82	p. 95
83	p. 95
84	p. 96
85	p. 97
86	p. 98
87	p. 99
88	p. 100
89	p. 101
90	p. 104
91	p. 105
92	p. 106
93	p. 107
94	p. 108
95	p. 109
96	p. 110
97	p. 111
98	p. 112
99	p. 112
100	p. 113
101	p. 113
102	p. 114
103	p. 116
104	p. 117
105	p. 119
106	p. 122
107	p. 125
108	p. 127
109	p. 128
110	p. 130
111	p. 131
112	p. 132
113	p. 133
114	p. 134
115	p. 134
116	p. 136

117	p. 137
118	p. 137
119	p. 139
120	p. 149
121	p. 149
122	p. 150
123	p. 150
124	p. 151
125	p. 151
126	p. 152
127	p. 152
128	p. 153
129	p. 153
130	p. 154
131	p. 155
132	p. 155
133	p. 156
134	p. 156
135	p. 157
136	p. 158
137	p. 160
138	p. 160
139	p. 161
140	p. 163
141	p. 164
142	p. 164
143	p. 165
144	p. 166
145	p. 167
146	p. 169
147	p. 170
148	p. 171
149	p. 172
150	p. 173

www.ingramcontent.com/pod-product-compliance
Lightning Source LLC
Chambersburg PA
CBHW061324040426
42444CB00011B/2760